TANTRA

EL ARTE DEL AMOR CONSCIENTE

Charles y Caroline Muir

OASIS

Título original: «Tantra, the art of conscious loving».
Ilustraciones de Debbie Drechsler.
Traducido por Jimmy Clark y Begoña Orive.
Primera edición, invierno 1991

Fotocomposición y montaje: Oasis. Impreso por AGPOgraf (Barcelona).

ISBN: 84-7901-019-3   D. Legal: B-5657-91
N/N.E: SL41

*Este libro está dedicado
al Espíritu de la Madre*

SOURCE SCHOOL OF TANTRA YOGA
www.SourceTantra.com

ॐ

SOURCE SCHOOL OF TANTRA YOGA

Tantra seminarios de fin de semana principiantes:
www.SourceTantra.com/BEG

ÍNDICE

✿

Una visión sobre el amor tal como se entiende en nuestra época. ¿Qué ocurre con la pasión? ¿Qué quieren los hombres de las mujeres? Y las mujeres, ¿qué quieren de los hombres? ¿Es posible solucionar nuestros problemas de pareja?

Un recorrido por las antiguas enseñanzas tántricas sobre el amor: el cuerpo sutil, la conexión sexual/espiritual, la importancia de enfocar la mente, cómo llegar al amor consciente.

Cómo crear armonía en una relación de pareja; balance yin y yang; la meditación fortalecedora; técnicas respiratorias; la pareja como un equipo.

Aprender el lenguaje del amor consciente; el Arquero; tres pasos para recuperar la armonía de la pareja; regalos de amor.

AGRADECIMIENTOS

❀

Los autores agradecen a las siguientes personas su ayuda en la elaboración de este libro: J. Michael Kanouff, Doris Ober, Alev Lytle Croutier y el equipo de Mercury House, Marbie Ingalls, Anurag y Sapan. Caroline expresa su profunda y eterna gratitud a los hombres y mujeres que han compartido con ella las formas de amar: Sonny, Rick, Ron, Gina, Tucker, Ronnie, Singh Kaur, y especialmente su querido abuelo, Nank. Añade un agradecimiento especial «por la unión de mi mayor amor, Charles, mi profesor y compañero durante el resto de mi vida».

Charles da las gracias a todos los profesores que han aparecido en su camino y le han enseñado sobre el amor, especialmente a Bobbi, Michaeline, Mary, Jeannie, Abigail, Jwala, Emily, Diane, Sherry, Jill, Diana, Mercury, Alana, Whitestar, Yaz y Singh Kaur. Añade «Un cariño especial y adoración a mis profesores actuales: Pauline Siggia Muir, que me ha enseñado desde mi nacimiento sobre el amor, dedicación y servicio; a mi hijo y gurú, Orion; al Tara; y especialmente a mi querida mujer, Caroline, fruto y semilla de mi camino».

Un agradecimiento especial a todos nuestros alumnos, que a través de los años nos han ayudado a aprender más sobre nosotros mismos, sobre los demás y sobre el arte de amar.

INTRODUCCIÓN

❁

La palabra *Tantra* se refiere específicamente a una serie de libros esotéricos hindúes que describen ciertos ritos, disciplinas y meditaciones sexuales. Estos libros con más de dos mil años de antigüedad, se escribieron en forma de diálogo entre el dios hindú Shiva, «el poder penetrante de energía enfocada», y su compañera, Shakti, que representa la fuerza creadora femenina, a veces llamada *el poder del Tantra*. El Tantra antiguo es un sistema espiritual en el que el amor sexual es un sacramento. No somos profesores de las tradiciones y ritos tántricos antiguos, pero hemos desarrollado un sistema basado en las técnicas y conceptos filosóficos tántricos que nos han parecido aplicables a nuestras vidas y a las vidas de nuestros alumnos. Es un sistema que puede elevar al nivel del arte la relación de una pareja. Nos referimos a ello como el «Arte de Amar Conscientemente».

Desafortunadamente, y contra lo que nos gustaría creer, no nacemos siendo buenos por naturaleza para las relaciones y para el sexo. Pocos de nosotros nos hemos beneficiado de una educación formal en sexualidad o amor sexual. Aunque somos hijos de la revolución sexual, aún estamos condicionados en gran medida por sistemas de creencias que podrían haber inculcado en nosotros culpabilidad, miedo, inseguridad o vergüenza. Tales impresiones negativas, aunque puedan residir silenciosamente en el subconsciente y causar sólo molestias menores u ocasionales, raramente nos permiten entrar en el potencial espiritual del amor sexual. El Tantra nos puede ayudar a hacer justamente eso, puesto que una meta espiritual es tan importante para una pareja tántrica como su amor.

El Tantra es una «disciplina académica» con muchos cursos y muchos niveles de estudio, con un grado ilimitado de posibilidades de provecho espiritual, de deleite sexual y de éxito mundano. En nuestros seminarios utilizamos técnicas que hemos desarrollado a partir de algunas de las lecciones tántricas antiguas. Estas técnicas están pensadas para el no iniciado, para el principiante. Las compartimos con amor y con un profundo respeto por las posibilidades de placer, sanación y crecimiento espiritual que pueden ofrecer.

Uno de los principios de la filosofía tántrica es que la disciplina —las lecciones tántricas— renace edad a edad. Esperamos que compartas nuestro entusiasmo sobre lo adecuado de estas antiguas lecciones orientales para la cultura y edad moderna. Se trata de herramientas importantes para las parejas actuales que buscan una forma significativamente diferente de relacionarse, parejas que desean mantener el amor y la pasión sexual durante toda una vida. Hemos visto cómo hombres y mujeres salían de nuestros seminarios con un mayor estado de consciencia de sí mismos y de su amor; nos ha alegrado saber gracias a sus cartas que este estado no era simplemente una anomalía, un estado pasajero y efímero, sino que se ha convertido en una parte permanente de su relación. El sexo tántrico no promete resultados instantáneos; no es una técnica «de un minuto» para lograr habilidad sexual. Pero en las parejas que deseen enriquecer su relación puede liberar un tipo especial de energía que favorece la armonía y aumenta el placer e intimidad sexual. En resumen, el sexo tántrico puede crear un compañerismo extraordinario.

Hemos organizado este libro en dos partes. La primera parte es una iniciación al Tantra, sus metas, su filosofía de la vida, y la ciencia sobre la que se basa su práctica; en otras palabras, cómo funciona, y más específicamente, cómo funciona para la pareja.

La segunda parte se ocupa de los ritos sexuales, del yoga o »unión» que practican las parejas para lograr una auténtica conexión extasiante al amar.

Charles y Caroline Muir
Kahului, Hawaii

PRIMERA PARTE

TANTRA PARA PAREJAS

UNO

...Y VIVIERON FELICES

❀

La boda se celebró con gran esplendor y vivieron felizmente hasta el final de sus días.

BRIAN ROSE, en *The Complete Fairy Tales of the Brothers Grimm*

Hoy en día, no somos muchos los que creemos en el «y vivieron felices durante el resto de sus días». Las estadísticas revelan que en nuestra cultura bastante más de la mitad de las parejas casadas se divorcian, y que aquéllos que deciden seguir juntos lo hacen por otras razones distintas a la felicidad personal —porque es muy problemático dividirlo todo, trasladarse y tener que empezar otra vez, por no hablar de los niños y de los aspectos emocionales y financieros de una separación—. En un ambiente tan práctico como el del siglo XX es difícil tomar la frase anterior como algo más que una metáfora en la que «durante el resto de la vida» es más bien «durante un tiempo».

Teóricamente, esta definición podría permitir que una persona viviera felizmente el resto de sus días si viviera consecutivamente diversas relaciones felices durante un tiempo, que aunque es cierto que estuvieron de moda en los años sesenta y setenta, se empezaron a cuestionar en los ochenta, cuando se conoció y comprendió la epidemia del sida. Pero no es sólo el miedo al sida lo que está cambiando las relaciones contemporáneas. En nuestros seminarios nos encontramos con hombres y mujeres cuyos deseos de compañerismo surgen de la sensación de que se puede sacar algo importante de una relación significativa. Y parece ser que más que simplemente un deseo de «asentarse», las parejas de hoy buscan un compormiso entre sí, pero un compromiso especial, uno que contenga tanto un elemento espiritual como físico, así como aspectos emocionales, fisiológicos y también materiales.

Este fenómeno, bastante nuevo, nos lleva a pensar que quizá hayamos entrado en una Nueva Era. Por ejemplo, el concepto de «casarse por amor» es relativamente reciente, una idea que se ha hecho popular hace tan sólo un par de siglos. Antes, las consideraciones familiares y materiales prevalecían sobre cualquier tipo de atracción emocional, física o intelectual, y la mayoría de los casamientos se celebraban entre familiares. También hay que tener en cuenta cómo se han desarrollado los aspectos socio-sexuales de las relaciones durante los últimos cien años en nuestra cultura occidental: de un período de valores y actitudes victorianas se pasó, al cambiar el siglo, a una época en la que se «aligeraron» un poco las costumbres, pero cuyos corsés no desaparecieron hasta los años veinte o treinta. En los años cuarenta, la guerra romantizó las relaciones al mismo tiempo que las deshacía, y los años cincuenta heredaron los resultados de esa guerra: entramos en la era de la bomba atómica con la determinación de hacer que funcionara la familia nuclear. Luego vino la revolución sexual de los años sesenta, que engendró el movimiento feminista de los años setenta y su demanda de igualdad social y sexual. Y así, desembocamos en los ochenta, la era de la postrevolución sexual, una época de movimiento y libertad personal que los medios de comunicación han bautizado con el nombre de *generación del yo*. Ahora, al acercarnos al cambio de siglo, parece ser que los hombres y las mujeres quieren enfrentarse a la vida juntos. Tal vez este sea el comienzo de la *generación del nosotros*, una generación que desea el final de la guerra entre los sexos y el principio de una nueva forma de relación en la que los miembros de la pareja trabajan juntos, como un equipo, para satisfacer sus necesidades, animarse el uno al otro, y viajar unidos hacia el crecimiento personal y la satisfacción espiritual y sexual.

PROMESAS

Las últimas décadas han traído consigo promesas de sofisticación sexual, independencia personal y prosperidad. Para un gran número de hombres y mujeres de hoy, muchas de ellas se han cumplido. Comenzamos una relación siendo más ricos que cualquier generación previa. Somos más ricos al saber más del mundo gracias a los medios de comunicación que nos informan diariamente, y la posibilidad de viajar entra dentro del presupuesto de muchas personas. Somos más ricos porque sabemos más de nosotros mismos; de hecho somos una cultura fascinada consigo misma. Dibujamos complejos gráficos astrológicos e intentamos leer el futuro en las estrellas. Analizamos el pasado y el presente en terapias antiguas y de vanguardia. Hacemos ejercicio, comemos bien y dejamos de fumar. Buscamos mejorar. Practicamos afirmaciones positivas. Visualizamos futuros buenos.

Habiendo recibido tantos dones, siendo tan evolucionados ¿por qué tenemos menos éxito que las anteriores generaciones a la hora de hacer perdurar las relaciones? ¿Por qué nos cuesta tanto relacionarnos con los demás durante un largo período de tiempo? Puesto que entramos en una era en la que las relaciones humanas largas e intensas son cada vez más importantes, es preciso que pensemos en estas preguntas y les demos respuesta.

SI SOMOS TAN INTELIGENTES ¿POR QUÉ NO ESTAMOS ENAMORADOS?

Hay amor, y luego hay «otro» amor. Hay amor apasionado y luego hay amor después de la pasión o sin pasión. El segundo amor también es bastante cálido y satisfactorio en muchas formas, pero puede deteriorarse de tal manera que acabe convirtiéndose en una versión pálida de la original, por ejemplo, en una tolerancia benigna; y existe el riesgo de que muera completamente o se convierta en resentimiento, en falta de respeto o incluso en algo peor.

No es del amor no apasionado del que deseamos hablar. Nos queremos centrar en un amor lleno de pasión y calor, en aquél que hace fluir la sangre dentro de ti, que es todo el alimento que se necesita. Es el amor que supera todos los obstáculos, disuelve el tiempo, te obsesiona, te posee e irradia de ti de tal forma, que la gente hace comentarios sobre tu «brillo», y se siente atraída hacia ti como si fueras un imán. Es el amor que se expresa sexualmente como una maravilla; es lo mejor.

El amor no es necesariamente ciego, como afirmó Shakespeare, pero es ciertamente un estado alterado. Los médicos dicen que bioquímica-

15

mente produce muchos de los efectos vigorizantes de las anfetaminas. Sabemos que el sistema inmunitario puede verse fortalecido por él, que las células blancas de la sangre funcionan mejor y que la producción de endorfinas aumenta. ¡Nos sentimos magníficos!

Podemos encontrar parte de la respuesta si consideramos la pasión como un tipo de energía que depende de otra energía para sobrevivir. Cuando estamos en las apasionantes primeras etapas de una relación utilizamos mucha energía intentando conseguirnos el uno al otro, buscando encantar, maravillar y atraernos mutuamente. Decíamos que el amor apasionado supera obstáculos. La energía necesaria en esa superación es lo más significativo. Por ejemplo, cuando hombres y mujeres deciden vivir juntos eliminan uno de los mayores obstáculos —la separación física— pero no se dan cuenta de que están eliminando algo que contribuía a su pasión: es necesario encontrar una forma de compensar el vacío de energía que experimenta su relación cuando ya no tienen que superar el obstáculo de vivir separados. Han creado un vacío de energía, y la pasión se ve perjudicada. La disminución de energía disminuye la pasión.

En las primeras etapas de una relación amorosa, la energía apasionada parece autogenerarse. La nueva pareja está en un estado casi continuo de excitación. Están cargados. Son superconductores. Y luego, normalmente, el acto sexual disminuye —por lo menos cuantitativamente hablando—. Es menos urgente una vez que se llega a confiar en la relación, a depender del compañero, a la «familiarización». Queremos confiar el uno en el otro y depender el uno del otro, pero ¿por qué debemos perder nuestro amor?

De hecho, no tenemos por qué perder nada. Lo que normalmente ocurre es que la disminución de la práctica sexual implica una disminución de energía en la relación. Cuando las parejas no realizan esa conexión física tan a menudo, cambia el ambiente. El amor empieza a estancarse y la energía se dirige a otro sitio.

Los hombres y las mujeres que son apasionados en su trabajo, su arte o su política se reconocen por la energía que fabrican para poder conseguir, mantener y avanzar en el trabajo que se han propuesto. De la misma manera, los hombres y mujeres apasionados por su relación deben comprometerse a fabricar la energía necesaria para mantenerla.

Esto es especialmente cierto en una era que ofrece tantas oportunidades y tanta libertad personal. Muchos de nosotros tenemos varias pasiones, y a veces lacantidad de energía que usamos en ellas excede la que nos devuelven. Cuando esto ocurre, operamos con una «deficiencia de pasión», y tenemos que tomar prestada energía de otras fuentes para compensarla. En último término, a menos que rectifiquemos dicha carencia en su raíz, sufriremos pérdidas serias. Demasiadas veces una de estas pérdidas es la de la pasión. Nos hemos encontrado con muchísimas parejas que están simplemente demasiado ocupadas o demasiado cansadas para hacer el amor. Ambos miembros trabajan, tienen hijos, y múltiples ocupaciones. Se preocupan de su automejora, así que dedican varias horas a la semana a su salud y a su forma física. Muchas parejas también tienen que cuidar de padres que se están haciendo viejos.

Es un hecho que las parejas modernas siempre están haciendo algo. Están agotados al cabo del día, y el sexo es lo último en lo que podrían pensar. Lo paradójico es que hacer el amor podría proporcionar a ambos más energía. La realidad es que cuando las parejas disminuyen las veces que hacen el amor comienzan el proceso, que no es tan lento, de dejar hambriento su amor, que se nutre de la energía sexual que genera una pareja.

EL COMPAÑERISMO APASIONADO

Un compañerismo apasionado no sólo necesita el alimento que ofrece la energía sexual, también necesita mantenimiento. Mantenimiento consciente. Creemos que se debe prestar tanto cuidado, cariño y atención a una relación como se presta a una profesión, familia o causa. Desafortunadamente, éste no es un concepto muy popular. Más popular pero menos real es la teoría de que el amor, habiéndonos visitado, está ya para quedarse; que una relación, una vez establecida, operará automáticamente, se mantendrá sola y no interferirá en que los miembros de la pareja continúen con sus vidas individuales. Además, las parejas esperan que su relación les complemente profesional, creativa, social y económicamente. Eso es pedir mucho; pero de hecho una relación amorosa puede nutrir todas las áreas de la vida. Puede generar la suficiente energía no sólo para sí mismo sino también para el trabajo, la familia, los amigos, las aficiones, etc. Pero esto no ocurre por arte de magia. Una relación es como un jardín. Si no se riega, no se abona, no se quita la mala hierba ni se poda, sufren sus cosechas. Una de las razones principales por las que se deterioran las relaciones es que sus miembros las descuidan.

Otra razón es que los compañeros no se comunican sus necesidades el uno al otro. Muchas personas son demasiado tímidas o tienen demasiado miedo como para decir lo que necesitan para sentirse amados, completos o simplemente felices. Algunas personas no saben usar las palabras adecuadas, temen que se les rechace la satisfacción de ciertas necesidades, piensan que la otra persona las subestimará por tener necesidades, o se avergüenzan de tales necesidades. Así que a veces guardan lo que tienen en su corazón o en su mente, y cuando finalmente llegan a expresarse, después de haberlo dejado demasiado tiempo en silencio, la comunicación resulta, quizá, excesivamente fuerte. Tenemos que aprender a comunicarnos como amantes, como compañeros, y necesitamos encontrar otra forma de comunicación distinta de la que utilizamos en otras áreas de la vida. Hablaremos más extensamente de este tema en los capítulos tercero y cuarto.

Además de la falta de comunicación y la desatención, las ideas preconcebidas sobre cómo debería ser la relación también pueden causar problemas. Éstas a menudo están profundamente arraigadas, ya que se basan en lo que hemos observado en la relación de nuestros padres mientras crecíamos, así como en la actitud —de entonces, de ahora— de la iglesia, de la sociedad y de los medios de comunicación ante las relaciones, y, finalmente, en nuestras propias experiencias en la relación con otros —familia, amigos, amantes— y la forma en que estas personas se han relacionado con nosotros. Nuestras historias personales y experiencias del pasado son parte de nuestro ser, y por tanto influyen en nuestro compañerismo. *Pero cuando nos convertimos en pareja nuestra nueva relación no debería tener historia, sólo un presente y un futuro potencial. De hecho, parte de lo que hacemos viviendo la relación es crear una historia de la misma.*

Toda pareja soporta injustamente cargas de historias y experiencias cuyas insinuaciones llegan al presente. Ella no debe olvidar que «los hombres son mentirosos», por ejemplo. Él será mejor que recuerde que «no se puede confiar en las mujeres», que «es posible que rechacen a un hombre sexualmente o lo abandonen simplemente por antojo, en cualquier momento».

Y aun así nos sentimos atraídos el uno por el otro. Los hombres y las mujeres tienen la necesidad de unirse. Ya sea porque formar pareja es símbolo de una unión a un nivel superior o simplemente por una necesidad puramente biológica, el deseo de llegar a ser *uno* con nuestro amado es innegable. Y en nuestro fervor, es posible errar confundiendo unidad con igualdad. *De hecho no somos iguales; son las diferencias entre el hombre y la mujer las que pueden hacer que su mezcla tenga éxito.*

Por supuesto, no hablamos diferencias irreconciliables. Ni tampoco queremos decir que los hombres y las mujeres son distintos en todo. Somos iguales en mucho, y nos sentimos atraídos de forma natural por alguien que es como nosotros en ciertos aspectos —alguien con un sentido del humor similar, por ejemplo, o una historia común, o un sentido compartido del bien y del mal, o metas y sueños similares. Las diferencias de las que hablamos son esas diferencias básicas que distinguen a un hombre de una mujer —las diferencias de naturaleza sexual—. Intentar satisfacer una relación apasionada y al mismo tiempo rechazar estas diferencias es casi imposible. Pero cuando se comprende la naturaleza de la diferencia entre los sexos, se puede aprender a usarla en beneficio de la pareja y de la relación. Porque de hecho dichas diferencias son complementarias: lo que le falta al hombre la mujer lo tiene de sobra y viceversa. Aprender cómo hacer de las diferencias una ventaja para la relación, aprender cómo esas diferencias pueden satisfacerla en vez de erosionarla o gastarla, es de lo que trata este libro.

VIVA LA DIFERENCIA

Los hombres y las mujeres de hoy buscan cosas similares en una relación, y las desean en grados similares: deseamos hallar estabilidad psicológica; queremos poder confiar el uno en el otro; queremos apoyarnos el uno al otro tanto emocional como económicamente; queremos compartir experiencias similares, ser compañeros de juego y también socios responsables; queremos mejorarnos a nosotros mismos a través de la relación y esperamos que ésta mejore con nosotros, y realmente queremos amarnos el uno al otro durante toda una vida, que deseamos pasar juntos.

El hecho de que una pareja comparta metas similares para su relación es bueno para ambos porque significa que la pareja ve su compañerismo como una entidad en sí misma. Hace que se centren en *ella* como algo separado de *nosotros*, y este punto de vista es crucial para la salud y el bienestar de la pareja.

Sin embargo, aunque los hombres y las mujeres podrían no ser tan distintos en lo que desean para sí mismos como pareja, a través de nuestros seminarios nos hemos dado cuenta de que son muy distintos cuando se trata de lo que quieren —de hecho, necesitan— para sí mismos como individuos sexuales en la relación.

Por ejemplo, hemos descubierto que la mayoría de las mujeres utilizan la palabra *intimidad* para describir lo que es más importante para ellas sexualmente. Intimidad sexual (como lo expresan las mujeres que hemos conocido) es un tipo de proximidad muy especial, de comunicación que va más allá de lo que puede lograr la pareja físicamente, una forma de compartir que traspasa el compañerismo material. Esta conexión profunda es descrita por muchas mujeres como una conexión espiritual, o como el sentimiento de haber encontrado al «compañero del alma». Las mujeres lo relacionan con el corazón o con el alma más que con el cerebro o los genitales, aunque cuando se da verdaderamente la intimidad sexual, la pasión sexual es su consecuencia. Esto parece ser verdad en todas las áreas, no sólo en el sexo. Cuando uno se hace «íntimo» de un sujeto o proyecto, se sumerge en él, «se mete en él», se apasiona por ello, se excita, se llena de energía, se enciende. Ocurre lo mismo con la intimidad sexual: una mujer excitada es movida física y profundamente.

Pero cuando falta la intimidad, cuando una mujer no conecta de forma especial con su compañero, permanece insatisfecha a un nivel primario, porque esta necesidad de intimidad es muy profunda. Cuando falta la intimidad es difícil para muchas mujeres sentir pasión o estar satisfechas, y cuanta más intimidad falte en una relación, más desapasionada e insatisfecha se sentirá la mujer.

Para la mayoría de los hombres, sin embargo, la palabra «intimidad» conlleva algo muy distinto. La mayoría de los hombres occidentales del siglo XX se sienten arrebatados cuando oyen que una mujer quiere intimidad sexual (que la necesita). Porque para ellos las palabras *intimidad sexual* significan el acto sexual. Así que si al principio de la relación la mujer parecía recibir una cantidad satisfactoria de intimidad sexual, medida por la pasión sexual que intercambiaba la pareja, y el hombre no está haciendo hoy nada distinto en la relación sexual excepto intentar más para conseguirlo, ¿de quién es la culpa? ¿Dónde está el fallo?

Éstas son preguntas comunes en las parejas de hoy, y representan una incomprensión seria de términos —un fracaso importante de comunicación en la misma piedra angular de la relación—. Es fácil proyectar el resentimiento y la ira, la frustración y el sentimiento de haber sido dañado, e incluso la vergüenza, sentimientos que sin duda aparecerán entre dos personas que no se han comunicado sus deseos más básicos, que no se han comprendido el uno al otro, que han estado operando bajo suposiciones incorrectas, quizá durante años. Y es fácil ver que su relación va a verse afectada.

Puesto que la necesidad de intimidad es tan básica para las mujeres, es necesario que cada mujer la defina por sí misma y luego comunique su significado personal a su amante. Esto no es tan fácil de lograr. Por naturaleza y físicamente, las mujeres son introvertidas desde el punto de vista sexual; *contienen* su sexualidad. Sus órganos sexuales, sus zonas más sensibles, son internas y están protegidas. No es difícil comprender cómo podría afectar esto la habilidad de la mujer para hablar sobre sus sentimientos sexuales más profundos, de lo reservada que podría sentirse respecto de ellos. Pero una mujer tiene que hacer que su amante comprenda lo que significa la intimidad. Cuando lo consiga, su esfuerzo le será recompensado mil veces.

Es mucho menos difícil para los hombres comunicar lo que necesitan para sí mismos como seres sexuales, o expresar lo que les mantiene apasionados. La naturaleza sexual del hombre es fundamentalmente extrovertida y proyecta muestras físicas obvias sobre lo que le excita. Dicho de forma simple, el sexo excita a la mayoría de los hombres. El sexo les hace apasionados. Los hombres aman el sexo: les encanta dos cuerpos desnudos y entrelazados juntos. Los hombres se vuelven locos con las mujeres que aman el sexo. La intimidad podría estar bien, ciertamente la compatibilidad psicológica y emocional son importantes, pero para la gran mayoría de los hombres con quienes trabajamos, el sexo es un barómetro de la salud de sus relaciones, y una relación sana es aquélla en la que se da una buena cantidad de buen sexo. Simplificando mucho (existen muchas excepciones y grados en estos sentimientos), la mayoría de las mujeres desean una experiencia de amor sentido de corazón o lleno de alma; la mayoría de los hombres quieren una experiencia glandular.

Ocasionalmente esta discrepancia se convierte en una arma en una relación que va hacia la autodestrucción —por ejemplo, cuando una mujer aparta el sexo de su pareja como castigo (a menudo porque él no comparte su intimidad con ella), o cuando un hombre no le da a su mujer la conexión íntima que ésta necesita, no la abraza amorosamente, no la mira profundamente a los ojos y le dice que la quiere (a menudo porque ella nunca quiere sexo). Esta pareja ha tomado un camino cuya única salida es el desastre. Cuanto más frío sea él con ella menos apasionada será, y más frío será él... A esta pareja le quedan segundos.

Así que, ¿cuál es la respuesta? Los hombres y las mujeres tenemos deseos fisiológicos distintos, básicos a nuestra naturaleza masculina y femenina. Aunque no lleguen a oponerse, al menos no coinciden. ¿Cómo reconciliar estas diferencias?

La solución que damos en nuestros seminarios está basada en parte en el estilo de vida tántrico que fue diseñado hace siglos especialmente para parejas. Los textos tántricos son explícitos sobre cómo se puede utilizar las diferencias entre los sexos como una fuerza positiva en una pareja; cómo la combinación adecuada de estas diferencias puede producir una reacción casi alquímica, un ambiente en que todo florece, gracias al cual el jardín de tu relación brota con color, y tú y tu persona amada prosperáis.

DOS

LA VISIÓN TÁNTRICA

❀

Las seis regiones del cuerpo
Los cinco estados
Todos han partido y se han ido
Totalmente borrados
Y en el descubierto
Vacíos
Yo me quedo
asombrado...
El éxtasis inalcanzable
Me ha envuelto...

PATTINATTAR, A TAMIL TANTRICA,
en *The Poets of the Powers*, editado por K. V. Zvelebil

Aunque las reliquias de los ritos tántricos se remontan casi cinco milenios, los textos tántricos empezaron a aparecer en los primeros siglos de la era cristiana. Se dice que existen 108 volúmenes originales en los cuales está definido el sistema tántrico y enumeradas sus prácticas, pero existen numerosos comentarios y ensayos (o «expansiones») sobre los primeros libros, que también son conocidos como *Tantras* (la palabra *tantra* significa «expansión»).

Estos libros antiguos ofrecen a sus practicantes una forma completa de vivir; engloban el ámbito material y físico, aspectos mentales y psicológicos, y la espiritualidad. Aunque se le ha calificado como el «yoga del sexo», el elemento sexual del Tantra es sólo una parte de su enfoque; las metas del Tantra son más elevadas y amplias que simplemente lograr habilidad en el amor. La meta última es la unidad. Los tántricos aspiran a una conexión o unión espiritual, experimentar el yo individual como parte del Todo Indivisible. Para ayudar a lograr esa Unidad, se recurre a técnicas de visualización y meditación, y se

25

practica ritos de unión sexual y una forma de comunicación con la pareja altamente desarrollada.

Aunque interpretemos algunas de las enseñanzas tántricas antiguas desde el punto de vista de finales del siglo XX, no es nuestra intención sustituir las metas o métodos tántricos por los nuestros. El Tantra fue nuestra inspiración al desarrollar un sistema que ayudará a ofrecer a las parejas contemporáneas un gran depósito de energía regenerativa que se expresa sexual, física y creativamente. Antes de hablar del «cómo» de este sistema, te presentaremos brevemente el paradigma, o la visión de la realidad, sobre la que está basada la teoría tántrica, y luego, su ciencia.

VISIÓN TÁNTRICA DE LA REALIDAD

Para comprender mejor la filosofía tántrica es necesario distinguir entre un plano superior de la realidad, un estado de consciencia cósmica, al cual nos referiremos como Realidad, con 'R' mayúscula, y nuestra realidad macrocósmica o mundana, a la cual llamaremos realidad, con 'r' minúscula. En nuestra realidad inferior existe una dualidad fundamental que se expresa como masculino y femenino. No se trata de un concepto exclusivamente oriental; muchas culturas demuestran una percepción similar que se observa fácilmente en sus idiomas. Las lenguas románicas, por ejemplo, designan objetos y sujetos según un género. El Tantra también ve que todo en esta realidad contiene energías masculinas y femeninas. Pero en la Realidad superior no existe esa dualidad. En esta Realidad se encuentra la Unidad. No existe lo masculino y lo femenino; está tan sólo el Uno. La palabra tántrica para el Uno es Shiva-Shakti, que se refiere a la unión de la consciencia cósmica con la energía creativa, la fuerza que mueve la creación, la combinación perfecta de lo masculino y de lo femenino que forma el Uno indiferenciado.

Recuerda, la meta tántrica es esa condición de Unidad. En términos más «actuales», podríamos decir que la meta consiste en lograr la autorrealización o la integración personal, o simplemente la totalidad. Para los tántricos, la pareja es el vehículo con que se va de la realidad a la Realidad.

CIENCIA TÁNTRICA

Las primeras ciencias tántricas incluían matemáticas, medicina, astronomía y teorías físicas atómicas, espaciotemporales y de ondas de sonido sorprendentemente sofisticadas, así como también alquimia, quiromancia y astrología. Se considera al Tantra inventor del decimal, responsable del descubrimiento del cero en La India antigua, e introductor del concepto de *Chakras*, o centros psíquicos de energía, como parte de la biología humana. (La palabra significa ruedas o discos de energía.)

Entre las reliquias tántricas más hermosas están las pinturas que ilustran estos chakras en los hombres y en las mujeres. Los chakras son órganos del *Cuerpo sutil* o energético, que se considera distinto e independiente del *Cuerpo físico*. El Tantra habla de varios cuerpos: la capa (o cuerpo) más externo la forman la piel y los huesos. Después está el sistema respiratorio, más sutil; y aún más profundo y sutil, el sistema cognoscitivo. Finalmente encontramos la capa más sutil de todas, el cuerpo sutil, el sistema intuitivo o psíquico del cuerpo, donde están los chakras, por el cual podemos lograr éxtasis físico y la unión espiritual.)

Existen siete chakras principales en el cuerpo sutil, cada uno de los cuales es a la vez generador y depósito de energía y de consciencia psíquica. Los chakras van conectados a uno o más de los otros cuerpos por medio de «canales sutiles» llamados *Nadis*. De esta forma la energía de cada uno de los chakras nutre a todo el cuerpo. Estos canales no son distintos de los meridianos en los que se basa la acupuntura, y también son similares a nuestra comprensión de las conexiones y redes neuronales del cuerpo.

EL SISTEMA DE LOS SIETE CHAKRAS

En el arte tántrico, cada uno de los siete chakras principales tiene como símbolo una flor de loto distinta, para significar su naturaleza particular. Cada flor está compuesta por su propia combinación de colores, pétalos y diseños simbólicos. Se entiende que cada uno contiene una carga positiva o negativa, un valor numérico y alfabético, una afinidad particular con un elemento de la naturaleza (aire, tierra, agua,

SÉPTIMO CHAKRA
Localización: La coronilla
(Luz suprema sin forma)
Yantra: Flor de loto con
  1000 pétalos radiantes
Mantra: OM (acaba co-
  mo ...MMM en el sép-
  timo chakra)

QUINTO CHAKRA
Localización: Garganta
Elemento: Éter
Yantra: Círculo blanco
  dentro de triángulo
  invertido
Mantra: HAM

TERCER CHAKRA
Localización: Detrás
  del ombligo
Elemento: Fuego
Yantra: Triángulo ro-
  jo invertido dentro
  de círculo
Mantra: RAM

PRIMER CHAKRA
Localización: Base de la
  columna
Elemento: Tierra
Yantra: Triángulo rojo
  invertido dentro de
  cuadrado amarillo
Mantra: LAM

SEXTO CHAKRA
Localización: Entre las cejas
Yantra: Luna llena color y forma
Mantra: OM (empieza como OOO
  en el sexto chakra)

CUARTO CHAKRA
Localización: Corazón
Elemento: Aire
Yantra: Estrella de seis puntas
  dentro de círculo
Mantra: YAM

SEGUNDO CHAKRA
Localización: Área genital
Elemento: Agua
Yantra: Media luna colora-
  da dentro de círculo
Mantra: VAM

NOTA: El mantra OM empieza como «OOO..» en el sexto chakra y acaba como
«...MMM» en el séptimo chakra.

etc.), con uno de los varios sentidos (gusto, tacto, olfato, etc.), y con una cualidad tonal particular. Este último aspecto sugiere una analogía si consideramos los chakras como las cuerdas de una guitarra. Cada cuerda vibra con una frecuencia y emite una nota distinta. Con el tiempo las cuerdas pueden subir o bajar de tono y necesitar, por tanto, ser afinadas. Cuando están afinadas, el sonido que produce la guitarra es armonioso. Del mismo modo, cuando los chakras están afinados, se logra la armonía.

Cada chakra corresponde a una área específica del cuerpo, y se piensa que cada uno genera una forma particular de lo que llamamos «impulso». Los siete chakras se alinean a través del centro del cuerpo, con la columna como eje. Empiezan en la base de la columna con el primer chakra o chakra base. Según los libros tántricos, el impulso del primer chakra se dirige hacia lo material; su deseo es adquirir y poseer. Paradójicamente, su función corporal es la eliminación. El segundo chakra se encuentra en la región de los genitales, y de él parte el impulso sexual. El tercer chakra, detrás del ombligo, se relaciona con cuestiones de poder e influye en el sistema digestivo. El cuarto chakra, que gobierna la respiración, está cerca del corazón, y se considera la fuente de energía para la conexión íntima. El quinto chakra, en la garganta, influye en el sistema glandular y contiene el impulso de comunicación, así como también el impulso espiritual. El sexto chakra está entre las cejas, donde genera intelecto, y en el tronco del cerebro (la formación reticular), donde afecta a la consciencia así como a la posibilidad de visión interior. Un loto con mil pétalos representa al séptimo chakra que está situado en la coronilla, dentro del cráneo, y también en la zona que está justo por encima de la cabeza, en ese ámbito que buscamos fuera de nosotros mismos. Cuando esa parte externa del séptimo chakra emana energía, nos referimos a ella como *halo*.

Aunque un occidental escéptico podría dudar mucho del sistema aquí esquematizado, lo cierto es que en nuestra propia percepción del cuerpo humano aplicamos valores metafóricos similares. Por ejemplo, hacemos una asociación obvia con el primer chakra, situado justo por encima del ano, cuando decimos de una persona extremadamente posesiva u obsesiva que es «un culo prieto». Y pocos negarían la poderosa carga en el segundo chakra cuando uno se excita sexualmente.

El tercer chakra controla la digestión y afecta al afán de poder. Nosotros lo conocemos como «plexo solar», sabemos bien de su expresión energética a un nivel físico. Hablamos de una persona «intestinal» para referirnos a una persona con fuerza de voluntad e iniciativa. Además, también es ejemplar el hecho de que muchas personas que «se exigen» demasiado sufren úlceras en esta zona.

También es fácil ver al cuarto chakra en «términos contemporáneos». Las tradiciones orientales adscriben al corazón el gobierno de los instintos compasivos, del amor, de la simpatía y de la asociación íntima; y el idioma occidental se hace eco de ello. Decimos «ten corazón» cuando pedimos clemencia o compasión; hablamos de que se nos ha roto el corazón, de dolor de corazón, etc. Sabemos que hay situaciones en las que se nos «ablanda» el corazón. A menudo nos dirige el corazón cuando pensamos que deberíamos dejarnos llevar por la cabeza. Y aunque no queremos decir que el corazón nos tiene encadenados, sí decimos que somos movidos, dirigidos e influidos por algún poder o influencia que el corazón ejerce sobre nosotros.

Es suficientemente fácil aceptar que el quinto chakra, localizado en la garganta, posee los instrumentos necesarios para la comunicación, y que la voz, surgida de la vibración de nuestras cuerdas vocales, es una expresión energética. La relación simbólica del quinto chakra con la espiritualidad podría ser más difícil de entender, pero sabemos que la emoción se expresa en esta región. Se nos pone «un nudo en la garganta» cuando nos emocionamos. Podemos apreciar la posición simbólica de la garganta como conexión del cuerpo con la mente: siendo la mente la puerta de entrada a la unión espiritual, puede darse «un estertor de muerte» en la garganta. Se considera que este es el sonido que emite el alma cuando «se va» del cuerpo.

El sexto chakra —fuente de energía intelectual, cognición y concentración— puede verse como metáfora del cerebro y de poder o energía. Algunas personas lo llaman el «tercer ojo», y le adjudican poderes de visión interior.

Cada chakra pues, representa un deseo humano natural —de poseer, de copular, de amar, de comunicar, de comprender, y finalmente de ascender, de excedernos a nosotros mismos tocando a Dios o a la consciencia cósmica o a un nivel superior de ser, o como queramos llamar lo—. La forma tántrica utiliza estos impulsos naturales de los hombres y las mujeres como base para establecer una relación amorosa apasionada y continua.

LA CONEXIÓN SEXUAL/ESPIRITUAL

Es tradicional en muchas culturas, incluso en las occidentales, practicar el celibato teniendo como meta la vida espiritual. Esto también es verdad para los cientos de escuelas de yoga que reconocen la energía sexual como una fuerza espiritual y buscan conservar esa energía para el camino espiritual. Pero el celibato como motivador espiritual limita bastante la búsqueda de una forma elevada de consciencia a una comunidad ermitaña; y por supuesto, si todos siguieran este camino, el número de personas que realizan el viaje espiritual disminuiría rápidamente.

Actualmente, muchos de nosotros, personas corrientes, aspiramos al crecimiento espiritual. Pero deseamos hacerlo con un compañero. El yoga tántrico era el camino que elegían las parejas hace miles de años para solucionar este dilema, puesto que la disciplina tántrica permite que los hombres y las mujeres tengan un compañero, que disfruten del sexo y experimenten satisfacción espiritual, a menudo simultáneamente. ¿Y esto cómo puede ser? ¿Cómo pueden coexistir la espiritualidad y la sexualidad; la una inferior, la otra sublime? Como respuesta miramos dentro, al cuerpo sutil del Tantra, y a los centros de energía ascendentes, empezando por el más inferior y acabando en la zona cósmica.

En el primer chakra, enrollado apretadamente, como un muelle, en la base de la columna, reside lo que el Tantra llama *Kundalini shakti*. Su significado literal es «energía femenina enrollada», pero existe en el mismo grado tanto en los hombres como en las mujeres, y podría también ser llamado «energía creativa» o «energía vital». Esta energía existe dentro y fuera de nosotros, lo cual quiere decir que tenemos en nosotros eso que buscamos: conexión espiritual, la Realidad superior por la que luchamos, que solamente necesita despertar para realizarse. Cuando el kundalini es estimulado empieza a desenrollarse, liberando su energía hacia arriba por el cuerpo. Esta energía asciende por la co-

31

lumna hasta el segundo chakra, el tercero, el cuarto, y más arriba. Y al subir, su carga casi eléctrica proporciona y recibe energía de los siete centros del cuerpo, despertando la consciencia dormida al ascender, hasta unirse con el chakra superior, y al hacerlo logra su meta: Unidad, éxtasis espiritual, llamado *Ananda* en sánscrito. También se conoce como *Nirvana*, o como *Satori*. Los textos tántricos aseguran que está al alcance de todos, que es nuestro *derecho de nacimiento*.

Sin embargo, lograr la meta tántrica de Unidad puede costar toda una vida de estudio y devoción. Aunque no sea ese el propósito de nuestro libro, es bueno remarcar que el tener en cuenta la posibilidad de alcanzar tal meta y trabajar por ella puede ensalzar todos los aspectos de la vida. En nuestros seminarios animamos a las parejas a ser conscientes de esta meta tántrica última al buscar la Unidad en su relación. Si tu práctica del arte del amor consciente te lleva a desear más información sobre el Tantra, sugerimos que como punto de partida consultes la bibliografía citada al final del libro.

Antes de dejar lo que brevemente hemos dicho del kundalini, debemos señalar que esta energía se libera en distintos grados en cada persona. Podría moverse pero no desenrollarse; podría ser estimulado pero no empujado con la suficiente fuerza para poder llegar hasta arriba. A menudo se queda atascado muy cerca de casa, en el segundo chakra, donde se expresa sexualmente y luego vuelve a su posición original y vuelve a dormirse. El despertar forzado y prematuro de la energía kundalini puede ser peligroso. Las técnicas para crear y liberar energía que utilizamos en nuestros seminarios y que compartimos contigo aquí son inocuas y suaves. Si en algún momento te sientes incómodo con una de ellas, te pedimos que no la realices. Espera un momento en que quizá estés más receptivo, o simplemente pasa a otra.

ENFOCAR LA MENTE

El yoga tántrico se practica en un estado mental sereno y calmado; un estado que a menudo es difícil de lograr en nuestro mundo de altas tecnologías, altos valores y ritmo rápido. El Tantra requiere meditación, apartar conscientemente la mente de las cosas del mundo para poder experimentar una paz interior profunda.

Para ayudarnos a lograr ese estado, el Tantra ofrece varias técnicas. La concentración es una de ellas, y aunque parezca sencilla, no se logra tan fácilmente. Para ayudarnos el Tantra sugiere una variedad de meditaciones que afectan directamente al cerebro, ya que tranquilizan el hemisferio izquierdo (analítico e intelectual) y activan el hemisferio derecho, que es experiencial e intuitivo, donde tienen lugar las experiencias místicas. (Como regla general, según el grado en que una persona funcione con el lado izquierdo del cerebro al hacer el amor, pierde el potencial de éxtasis que ofrece el amor sexual tántrico.) Otro método para tranquilizar y relajar la mente es una técnica de respiración llamada «relación cósmica». Para practicar este ejercicio, enfoca la consciencia sobre la columna en el chakra base, y luego ve ascendiendo en una inspiración lenta y profunda, siendo consciente de cada centro de energía del eje de la columna, desde la base hasta la coronilla. Al acabar la inspiración mantén el aliento de tres a diez segundos, tiempo durante el cual deberías intentar sentir realmente el aire energético que llena el cráneo en la coronilla, el «Asiento de Shiva». Ahora empieza la espiración, también lenta y profundamente, y acompaña ese aire enrarecido de vuelta hacia abajo por el cuerpo, visitando los mismos depósitos de energía en dirección opuesta, manteniendo la consciencia durante todo el tiempo. En el chakra base no inspires durante varios segundos, y centra tu mente sobre ese depósito o asiento de energía kundalini. Luego empieza otra vez. El ritmo es el de las olas que suben y bajan. Inténtalo ahora; te refrescará y te relajará. Al inspirar, imagínate cómo el aire refresca cada rueda de energía dentro de ti; al espirar deja que el aliento se lleve toda la fatiga del día.

❀

UNA RESPIRACIÓN YÓGUICA
CONSTA DE 4 PARTES:

1. Inspiración lenta.
2. Mantener el aliento varios segundos.
3. Espiración lenta.
4. Al acabar la espiración permanecer sin inspirar durante un momento.

33

El control de la respiración como técnica para establecer un estado de meditación es común en todas las disciplinas yóguicas. En las tradiciones orientales es la respiración lo que mantiene circulando la fuerza vital por todo el cuerpo. Controlar la respiración es una de las técnicas más importantes para lograr la armonía interpersonal necesaria para mantener y nutrir la relación.

Los alumnos intermedios y avanzados del Tantra utilizan otras dos técnicas poderosas para hacer más profundas su meditación y sus conexiones enérgicas y físicas. Son las técnicas «yantra» y «mantra». Los *Yantras*, que significa «herramientas», son diagramas simbólicos o arquetípicos. Hay en total 960, y todos simbolizan varios aspectos de la cosmología. Como un *Mandala*, también una representación gráfica del cosmos, el yantra es considerado una «imagen de poder»; su geometría, su característica espacial, sus elementos dinámicos están diseñados para atraer a la psique y provocar una respuesta mental específica —en este caso, la concentración de la mente—. Los yantras mandan una onda geométrica de pensamiento a los chakras que dice: «¡Despertad! ¡Purificad! ¡Activad!» En nuestros seminarios utilizamos los siete yantras que corresponden a los siete chakras descritos anteriormente (véase la pág. 28). Los principiantes comienzan mirando fijamente los diagramas yantra por orden ascendente. Una vez que se hayan aprendido los diseños, su visualización, combinada con una consciencia profunda palpable de los centros chakras correspondientes, es un método muy eficaz para concentrar la mente en la meditación.

Bija mantra es otra técnica avanzada para despertar, purificar y activar los chakras. Estos mantras son los equivalentes tonales de los yantras, sílabas vibratorias que estimulan y resuenan con los siete chakras para crear un acorde armónico interior. Repetir estas sílabas como un canto llano actúa como un diapasón para dar paz a la mente y despertar las energías dormidas de los chakras. A la mayoría de nosotros nos es familiar la sílaba OM, considerada «el sonido del universo». Los chakras a ella asociados son el sexto y el séptimo. Los mantras y sus chakras correspondientes aparecen en el cuadro de la página 28.

Los alumnos avanzados de Tantra también utilizan *Mudras*. Se trata de formas de comunicación no verbal que utilizan varios gestos de los dedos y de las manos y posturas del cuerpo para simbolizar aspectos de la Realidad superior y para influir y redirigir la energía a partes del cuerpo que normalmente no reciben esta energía, incluyendo las regiones de los chakras superiores.

Los tántricos también practican técnicas de *Tantra Blanco* como forma de meditación y para concentrarse. El Tantra Blanco es el abuelo de lo que conocemos como *Hatha Yoga*; utiliza beneficiosas técnicas de estiramiento, respiración, concentración y «sentimiento», para dirigir consciencia y emoción al cuerpo físico, que activa al sistema chakra. Son la respiración, concentración y sentimiento del Tantra Blanco lo que separa a éste de la mayoría de las formas de Hatha Yoga empleadas.

Mencionamos algunas de estas técnicas más avanzadas para que sepas que existen y así tengas la oportunidad de aprender más de ellas cuando lo desees. No son prácticas esenciales para los alumnos principiantes de Tantra, aunque adquieren mayor relevancia a medida que se progresa, y harán más variadas y profundas las técnicas para concentrar la mente.

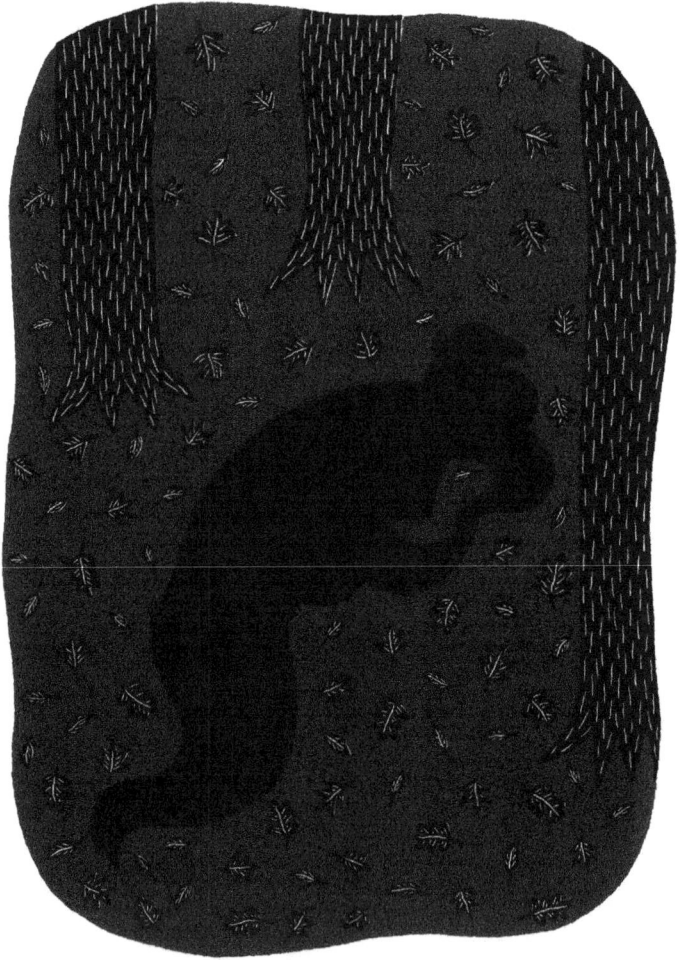

TRES

ARMONÍA TÁNTRICA

❀

Y cuando habla el amor, la voz de todos los dioses
Hace que el cielo viva el ensueño de la armonía.

SHAKESPEARE, *Love's Labour's Lost*, Acto IV, escena III

E n el capítulo anterior hemos hablado brevemente sobre el concepto de polaridad o dualidad. Este concepto es fundamental en el arte, la ciencia y los ritos tántricos. Es la base de la filosofía tántrica de la vida tal como se manifiesta sobre la tierra y en el más allá, y es el principio de actividad, basado fundamentalmente en la atracción de opuestos, en su compañerismo especial. En el caso de las parejas los opuestos principales son lo masculino y lo femenino, pero estas designaciones significan mucho más en el lenguaje oriental que una mera identificación biológica. Se entiende que la masculinidad tiene ciertas propiedades, muchas de las cuales se reconocen en la ideología occidental —extroversión y positividad, por ejemplo— pero la percepción oriental de los principios masculinos incluye además la luminosidad y el calor (el Sol es un símbolo masculino). El principio femenino, por otro lado, es oscuro y fresco (la Luna es un símbolo femenino); lleva una carga energética negativa, y representa un estado receptivo (que es introvertido, intuitivo y también servicial). Los aspectos que caracterizan a la masculinidad se llaman *yang*, y los que tienen cualidades femeninas se llaman *yin*.

La meta tántrica consiste en lograr un estado en el que los opuestos dejan de existir, donde el yin y el yang están en un equilibrio perfecto y la dualidad es eclipsada. A un nivel espiritual este estado se considera un estado de felicidad, de éxtasis, de Unidad. En un plano mundano, la meta es la misma; los compañeros tántricos desean unirse perfectamente como yin y yang. Buscan un equilibrio perfecto en el que sus diferencias se complementen. Su meta es una combinación de éxtasis —la experiencia de felicidad, amor y Unidad— en su relación. Los hombres y las mujeres son personificaciones de la dualidad debido a sus mismas naturalezas masculina y femenina. Si pensamos en términos de energía, como lo hacen los tántricos, podemos comprender cómo la combinación de estas naturalezas opuestas puede crear una situación de alto voltaje potencialmente peligrosa, como ocurre con la unión de dos cables. Una pareja puede crear fisión en vez de fusión. Por otra parte, la energía del mundo, todas las obligaciones y responsabilidades, puede provocar interferencias entre las parejas, como un campo de electricidad estática o una mala conexión.

Existen técnicas para evitar este tipo de interferencias, ejercicios tántricos que pueden ayudar a una pareja a crear un ambiente positivo para su relación. Nos referimos a este ambiente positivo como *armonía*. La armonía es un estado de equilibrio de la energía positiva y negativa, de las cualidades eléctricas y magnéticas, de las propiedades de luz y oscuridad, del ir hacia dentro y hacia afuera. La mayoría de nosotros conocemos la armonía como una maravillosa sensación de paz, de lo correcto. Pero creemos que es un tipo de bendición que nos visita, no algo que podemos crear ni mucho menos sustentar.

Pero sí se puede «fabricar», y es a esta creación de armonía a lo que se dedica la pareja tántrica. La armonía se puede crear a través de la comunicación. Y de la misma manera en que el Tantra dota los atributos masculinos y femeninos con cualidades que van mucho más allá de las meras diferencias genéticas, también adscribe a la comunicación mucho más que el mero hecho de hablar. Las parejas tántricas se comunican con todos sus sentidos y a muchos niveles: conectan física, mental y espiritualmente —algunos dirían psíquicamente—. Una pareja tántrica establece una «comunión santa».

CREAR ARMONÍA: LA MEDITACIÓN FORTALECEDORA

La meditación fortalecedora es uno de los secretos tántricos más profundos y a la vez más simples para mantener la energía amorosa en una relación. Es una forma física de comunicación que practican los tántricos por lo menos dos veces al día. La mayoría de las parejas occidentales que están separadas durante el día, practican este ejercicio normalmente por la mañana, antes de levantarse de la cama, al final de la jornada de trabajo cuando vuelven a verse, y/o antes de dormirse. Esta conexión puede ser o no sexual; su objetivo consiste estrictamente en nutrirse el uno al otro e intercambiar energía e intimidad. Las parejas acostumbran a tener una actividad sexual de «todo o nada». O lo «hacen», y van hasta el final, o no hacen nada. Por alguna razón, muchas parejas piensan que el placer de besarse apasionadamente, de tocarse el uno al otro, significa sólo una cosa, y debe llevar a sólo una cosa. A menudo la meditación fortalecedora crea una actitud en las parejas y un ambiente a su alrededor que les hace más abiertos a una unión sexual de lo que podrían haber estado antes. Si el tiempo lo permite, muchas parejas continúan este rito hasta llegar a una expresión sexual completa. Pero el acto sexual no es el objetivo de esta comunicación particular, y no debería ser la expectativa.

Para practicar esta meditación, la pareja adopta la «postura fortalecedora». Para ello deben tumbarse sobre sus lados izquierdos (por razones de fluir de energía, según los textos tántricos), juntos y con el de dentro dando la espalda al que está en el exterior (en forma de cuchara). El que está dentro está envuelto por los brazos del que está fuera. A veces el hombre estará dentro envuelto por la mujer, a veces la mujer estará dentro envuelta por los brazos del hombre; el que sienta más necesidad de ser nutrido, el que haya sobrellevado más estrés ese día o el que esté más cansado, deberá estar dentro.

El propósito de esta postura es crear el equilibrio necesario para la armonía, para favorecer la sincronización en la pareja, para ajustar sus energías separadas de modo que vibren en la misma frecuencia. Juntos de esta forma, con sus chakras alineados de frente a atrás, los dos cuerpos se afinan el uno al otro, y se logra el equilibrio entre ellos. La postura variará ligeramente de una pareja a otra, debido a las preferencias y los tamaños y formas de las personas, pero en todos los casos la comodidad es esencial. No debe resultar una postura forzada o incómoda. Si la mujer está sujetando al hombre, su mano derecha podría apoyarse sobre su vientre (tercer chakra) o sobre sus genitales (segundo chakra); su brazo izquierdo podría meterse por debajo de la curva de sus cuello (el peso de su cabeza soportado por una almohada, para que ella pueda mover su brazo) y su mano izquierda puede apoyarse sobre su pecho (cuarto chakra), o su frente (sexto chakra). Mientras estéis tumbados, cerrad los ojos y relajaos. Tranquilizad vuestras mentes concentrándoos en la respiración profunda, en el camino que recorre vuestro aliento. Hay dos técnicas de respiración para esta postura. La primera, utilizada durante los primeros minutos de la meditación, se llama *la respiración armoniosa*: ambos compañeros inspiran juntos, mantienen la respiración juntos, espiran juntos, y se mantienen sin inspirar a la vez. Durante esta respiración armoniosa el que está dentro es el cuerpo receptivo, aceptando la energía con cada inspiración. El que está en el exterior es el dador, y debería enfatizar cada espiración, proyectando la energía del chakra desde la parte delantera de su propio cuerpo hacia la parte de atrás del de su amado. Practica tres respiraciones completas (inspirar, mantener, espirar, mantener) en cada chakra, empezando en el centro del corazón. Después centra la atención sobre el chakra de la ceja, luego sobre el chakra base. De ahí concéntrate en cada chakra por orden ascendente, pasando de largo los chakras del corazón y de la ceja, que ya han sido visitados. Es importante que ambos os concentréis en las mismas regiones de los chakras a la vez.

La segunda técnica de respiración que se utiliza durante la segunda parte del ejercicio se llama *respiración de carga recíproca*. Esta vez uno espira mientras el otro inspira. De esta forma, durante los segundos en que se mantiene la repiración uno contendrá el aliento que ha inspirado y el otro se mantendrá en el momento en que ha expulsado el aire. Al practicar la respiración de carga recíproca es necesario ser consciente de la energía que imparte el compañero y también de la energía que le devuelves.

La meditación fortalecedora permite que las parejas se comuniquen al menos de tres modos: de forma consciente, piel a piel; a nivel respiratorio, que es más sutil, respiración a respiración; y del modo más sutil, chakra a chakra. Con el tiempo tal comunicación regular crea un tipo de sinergia entre los chakras de la pareja.

A medida que os familiaricéis con el uso de los yantras, podéis utilizarlos en esta practica visualizándolos al experimentar la energía de los chakras. Y si se añade toques tántricos a la meditación fortalecedora, es posible una conexión más profunda. (Véase el capítulo «El Baile del Amor», para las técnicas tactiles.) El hecho de centrarse en los focos de respiración y de energía parece crear su propia energía. Cuando la pareja completa esta postura meditativa, tienen más energía que cuando empezó con el ejercicio. Cuando se empieza cada día con esta meditación, no sólo se carga a la pareja con parte de uno mismo y de esa forma se reafirma la relación, sino que también se empieza el día con amor, creando un ambiente maravilloso para levantarse, y obteniendo una energía extra para afrontar lo que el día traiga consigo.

Cuando hayáis completado esta meditación (debería durar unos diez minutos), utiliza otro medio tántrico de comunicación antes de dar el siguiente paso del día. Miraos. Mirad dentro del otro. No habléis; simplemente mira a la cara del otro. Advierte que ahora los ojos de tu amante irradian luz, otro efecto secundario de la meditación fortalecedora: la luz del amor cuando existe armonía.

Además de la meditación que hemos descrito, las parejas deben disfrutar de un encuentro ritual de sus mentes, en una meditación compartida de cinco minutos diarios que deben realizar sentados. Se pueden utilizar yantras o mantras para concentrar juntos las mentes, o cualquier forma de meditación u oración. A muchas parejas les satisface más practicar esta concentración de las mentes al final del día de trabajo, y a continuación pasar directamente a realizar la meditación fortalecedora.

Realmente no importa cuándo practiques estas meditaciones; lo esencial es que las conviertas en parte de tu rutina diaria. Estas son las claves para lograr la armonía.

LA PAREJA COMO EQUIPO

El libro tántrico considera a los miembros de la pareja como compañeros de un equipo, lo cual es bastante sorprendente si consideramos que el yoga tántrico ha existido durante miles de años, mientras que para nosotros la idea de «igualdad» en la relación de pareja es bastante nueva.

Como compañeros de equipo que compartimos una vida que es nuestro «campo de juego», en una relación que es el «juego», y para continuar la metáfora, parecería obvio que jugásemos según las mismas reglas, pero muchas parejas no lo hacen. Muchas funcionan bajo distintas suposiciones, y otras ni siquiera saben cuáles son las reglas.

Por «reglas» no entendemos un conjunto de leyes estrictas que dictan cómo deben ser las cosas, o quién debe hacer qué; después de todo acabamos de referirnos a la relación como un juego, no como una condena. Pero incluso los juegos se definen según parámetros, y es eso lo que cada relación necesita conseguir: una comprensión mutua del juego, de cuáles son esos parámetros. ¿Es un romance veraniego o estamos construyendo un futuro juntos? ¿Qué deseas de tu pareja? ¿Cuál es tu papel? ¿Cuál es el papel de tu pareja? ¿Quién es el director del juego? ¿Quién señala las jugadas? ¿Es este el juego que pensabas que era cuando fichaste? ¿Disfrutas de él?

Los parámetros generales que fijes pueden, por supuesto, ser cambiados al cambiar la relación, pero nunca de forma unilateral. Tú y tu pareja debéis redefinirlos juntos. Y existe una regla de oro que nunca puede cambiarse: debéis mantener la armonía en la relación comunicándoos y compartiendo de forma íntima. Esto se puede lograr sexualmente, por supuesto, pero también existen otras formas. La meditación fortalecedora, por ejemplo, es una experiencia para compartir muy importante que permite intercambiar las energías generadas más profundas. Algunas parejas van a correr, o en bicicleta, o dan largos paseos como otra forma de compartir: un cuerpo sano y una relación sana.

Las parejas tántricas también comparten mentalmente. Meditan juntos, comparten pensamientos, sueños, miedos, esperanzas y fantasías. Y trabajan juntos.No importa qué trabajo se realice conjuntamente como pareja (labores domésticas, meramente profesionales, etc.), la colaboración es la piedra angular de una buena relación, puesto que dota a ésta de la cualidad productiva original que surge al trabajar juntos. Colaborar en un proyecto o en un trabajo es símbolo de trabajar la relación, de prestarle atención, y así, rendirle homenaje. Al trabajar juntos como equipo, sea en una labor cotidiana o en un proyecto creativo, también se trabaja para conseguir la armonía, ese ambiente cariñoso en el que prospera el amor, y la pasión es una llama eterna. Los compañeros se ayudan por el bien de la armonía. Cuando uno está débil, el otro le ofrece su fuerza. Ambos se respaldan el uno al otro, se apoyan. Son compañeros, amigos. Ayudan a que el otro crezca, y nunca le desprecian, porque saben que herir al compañero es herirse a uno mismo.

He aquí una lección importante para asimilar y poner en práctica. Pero no siempre es fácil, especialmente cuando tu pareja ha dicho o hecho algo que consideras dañino y que te parece que manifiesta una mente confusa o un acto inconsciente. Una de las disciplinas tántricas trata justo este tipo de situación y sugiere una forma de hablarse el uno al otro —incluso en la adversidad— sin buscar culpables. Nos detendremos en esta técnica en el siguiente capítulo.

CUATRO

COMUNICACIÓN TÁNTRICA

❀

Pensad antes de hablar.

CERVANTES, *Don Quijote de la Mancha*, IV parte, libro 3

Amar conscientemente requiere una comunicación consciente. Esto no significa que sea preciso aprender un nuevo vocabulario (aunque la mayoría de las parejas que vienen a nuestro seminario salen sabiendo unas pocas palabras en sánscrito que se convierten en parte de su idioma privado y secreto), pero sí quiere decir que es necesario ser consciente de lo que se dice y que también es preciso aprender un método ritual de comunicación con la pareja. Cuando te sientes herido o inseguro o estás enfadado, necesitas comunicar tus sentimientos a tu pareja (en una relación los sentimientos que no se expresan se convierten en focos infecciosos) pero debes tener cuidado con las palabras que utilizas al hacerlo. Conviene que evites culpar a tu pareja por tus propios sentimientos.

Sin embargo, medir las palabras con el compañero no es fácil. Por alguna razón es más fácil medir lo que decimos cuando estamos entre extraños que cuando estamos con las personas que queremos. Por algún motivo creemos que una de las comodidades de una relación estrecha es no tener que medir cada palabra que pronunciamos. Y aunque la doctrina tántrica no dice «medir cada palabra», sí insiste en que debes ser consciente de tu modo de comunicarte y de cómo podrían ser interpretadas tus palabras. Esto es especialmente importante para las parejas, porque las personas relacionadas íntimamente saben no sólo cómo satisfacer al otro sino también cómo herirle. Las palabras dolorosas se dicen por lo general inconscientemente, pero no por eso son menos poderosas ni menos destructivas de lo que serían si se hubieran dicho con malicia.

El Tantra requiere de sus alumnos cierto nivel de consciencia para evitar la desarmonía que resulta de una comunicación que se hace sin pensar.

DESARMONÍA

Seamos sinceros: la desarmonía surge pese a nuestras buenas intenciones, pese a nuestro tesón. En nosotros influyen aspectos tanto exteriores como interiores (somos humanos). Dejamos de estar sincronizados con nuestro compañero. Nos enfadamos, nos sentimos heridos, molestos. A veces nos aburrimos. La desarmonía en sí misma no es algo malo. De hecho, los libros tántricos consideran su aparición como una parte importante de la relación, necesaria para su crecimiento y su salud. Los compañeros son, al fin y al cabo, inherentemente opuestos; ambos son seres complejos, con conflictos personales, contradicciones e incertidumbres individuales. Además de eso, ambos están en continuo cambio (de crecimiento, de desarrollo); quienes son hoy podrían ser probablemente distintos, o incluso opuestos, de quienes eran y quienes podrían llegar a ser. Por tanto, su combinación como pareja será por lo menos tan compleja como su individualidad; las posibilidades de una mala combinación ocasional son grandes, y sin ellas nuestra noción de lo opuesto desluciría. Pero puesto que el amor languidece en la desarmonía, la pareja tántrica, devota de su amor, seguirá inmediatamente determinados pasos para cambiar el ambiente y para restaurar la armonía. Para ello llevan el amor a los lugares donde han sido heridos. Utilizan su amor para sustituir la desarmonía existente por armonía, y de esta manera acaban consiguiendo recuperar y sanar la relación dañada.

La lección tántrica sobre el tema del conflicto en la relación utiliza la metáfora de un arquero cuya flecha irá hacia adelante sólo si tira del arco hacia atrás tensándolo al máximo. Es la contracción (o cuando hablamos de una pareja, el tirar el uno del otro en oposición) y después soltar la tensión lo que hace que la flecha (y la pareja) vaya hacia adelante.

Algunas parejas que «se contraen» o experimentan desarmonía pueden llegar a dejar que un argumento se cueza a fuego lento durante mucho tiempo hasta que el calor haga que uno de ellos «salte». En otras una persona deja la escena llena de energía negativa (por ejemplo, se da un paseo para refrescarse). Hay parejas que suben el fuego y lo llevan a ebullición con palabras y acciones ásperas. E incluso están los que no entran en ningún tipo de confrontación, lo cual, debido a la posibilidades que hay de que esto explote algún día, podría ser el curso más peligroso de todos, aunque pueda parecer lo más civilizado. En cualquiera de estos casos, el resultado es una fisión energética, ocurra en el exterior o en el interior. Donde había armonía hay ahora un vacío que parece como un agujero negro en el espacio. El amor no puede vivir en un vacío, y cuando dos amantes han caído en este metafórico agujero negro son como polos magnéticos negativos, están en oposición, sin atracción. En estos casos, lo que ocurre es que sus chakras operan en frecuencias incompatibles; es decir, realmente se repelen el uno al otro.

Un arquero hábil soltará su flecha tan pronto como la contracción sea completa y haya apuntado. De la misma forma, el tántrico sabe que mantener una contracción o desarmonía más allá de cierto punto consume energía innecesaria y tensa a ambos miembros de la pareja sin ningún provecho evidente para la relación. Los miembros de la pareja tántrica, unidos por la regla de que la armonía es esencial a la relación y que debe restaurarse, están comprometidos a «soltar» lo antes posible. Mientras la pareja continúe su discusión, haciendo funcionar los chakras de la garganta en una expresión verbal, no llegarán a la cura, a la solución del problema, ni tampoco se podrá restaurará la paz en su relación. De hecho, nada se conseguirá hasta que alguno de los dos «suelte».

Antes de hablar sobre cómo la comunicación tántrica puede ayudar a las parejas contemporáneas a liberar una discusión, es preciso hablar de la naturaleza de la desarmonía. Hemos aprendido de las parejas que hemos conocido en nuestros seminarios que la mayoría de los argumentos o desacuerdos tienen su raíz y crecen del hecho de que uno está comunicándose lógicamente y el otro a nivel puramente emocional.

Utilizaremos una anécdota de una pareja moderna para demostrar esta dualidad:

47

Tras una conversación en la que Linda y Sam se lamentan de la disminución de la espontaneidad en su relación, Linda planea una tarde romántica como sorpresa. Manda a los niños a dormir a casa de unos vecinos y prepara la cena favorita de Sam. En la excitación de la espera ella se compra una blusa azul claro y *sexy* que sabe que volverá loco a Sam.

Mientras tanto, el jefe de Sam le pide que se quede trabajando en un proyecto especial. Linda no está en casa cuando Sam la llama, y no ha conectado el contestador automático. Ya metido en el proyecto, Sam se olvida de volver a llamar hasta que está a punto de salir de la oficina, y cuando lo intenta el teléfono está comunicando. En vez de esperar, se fue directamente hacia casa. Naturalmente, el tráfico le demora bastante.

Cuando Sam entra por la puerta de casa está agotado, tiene hambre y ganas de disfrutar de la comodidad de la casa. Observa que a Linda le pasa algo; está fría y con pocas ganas de hablar. «Ha estado llorando», piensa Sam, y le pregunta qué pasa. Pero Linda no quiere hablar —apenas puede mirar a Sam, está dolida—. Quizá el hecho de que Sam no estuviera ha estimulado recuerdos de otros hombres que no estaban cuando ella quería que estuvieran —por ejemplo, su padre—. O quizá la situación le recordaba momentos de dolor, de humillación. Si Sam sigue preguntando qué pasa, Linda podría decir «Lo has echado todo a perder: mi sorpresa, todo», o «No significa nada para ti que haya hecho todo esto; ni siquiera has llamado. No respetas mis sentimientos. Eres egoísta. Has hecho que me preocupara. Has echado a perder nuestra cena, todo lo que con tanta ilusión he estado preparando». Y luego podría ponerse a llorar.

Linda está culpando a Sam de sus sentimientos: «Has hecho que me preocupara», en vez de, «Me he preocupado». «No me respetas», en vez de «No me siento respetada». Pero no tendría ningún valor señalarle esto en este momento.

Sam explica que sí intentó llamar, pero que no estaba conectado el contestador automático, que volvió a intentarlo, pero comunicaba. Intenta hacerle ver que no tenía ni idea de que estaba planeando una sorpresa, que ella es importante para él, que no tiene razón al enfadarse y que no debería llorar.

Cuando Linda le oye decir a Sam que no debe llorar y que no debe estar enfadada, interpreta que él cree que ella está equivocada por sentirse como se siente. El hecho de que Sam juzgue que está equivocada (lo que implícitamente quiere decir que él tiene la razón) le enfada aún más y al mismo tiempo le decepciona, y se acelera su angustia emocional.

Cuanto más emotiva se hace Linda, más intenta Sam razonar con ella, pero Linda (metida en un cuadro mental emotivo), no está siendo razonable. Sam aún tiene hambre y sigue cansado, y ahora es él quien siente que ella no le aprecia; se siente incomprendido y maltratado. Le dice a Linda que va salir a tomar un poco el aire, a comprarse un bocadillo y a tomarse una cerveza, y que mientras esté fuera intente recomponerse.

Los temores de Linda de ser abandonada están ahora llegando a niveles de emergencia, y Sam está a punto de explotar. Podrían pasar días antes de que esta pareja vuelva a tener una conexión normal; podrían pasar días antes de que se comuniquen íntimamente otra vez. A menos que se aclare la situación, los residuos de este conflicto se meterán en algún rincón de la mente, donde esperarán en la sombra hasta que el siguiente golpe a la inseguridad de uno de ellos los saque otra vez a la luz.

Llamamos a esto un ejemplo clásico de dualidad porque demuestra lo que ocurre cuando una pareja habla idiomas distintos: no pueden entender lo que el otro quiere decir. En nuestro ejemplo asignamos a Sam la voz lógica, yang, masculina, y a Linda la voz emocional, yin o femenina, pero por supuesto los papeles a menudo se invierten. Permanece el hecho, sin embargo, de que mientras la pareja hable desde estos cuadros dispares de referencia, no podrá llegar a un acuerdo. El que habla lógicamente permanecerá seguro de lo acertado de sus convicciones, porque son lógicamente perfectas. El emotivo continuará en su postura porque la verdad de sentir no puede negarse.

TRES PASOS HACIA LA ARMONÍA

En este tipo de contracción, donde se enfrentan la lógica y la emoción, no sirve de nada que la persona racional intente explicar algo racionalmente. La persona emotiva no necesita ser convencida en este momento; de hecho, no puede ser convencida, porque para eso se necesita una mente lógica y por ahora la mente emocional tiene el control. La persona emotiva sólo quiere que se le escuche, quiere ser sostenida y amada; sólo quiere que se restaure la armonía en la relación de pareja.

Si Sam hubiera reconocido esta necesidad, él podría haber asumido el papel de arquero e iniciado una meditación armónica. He aquí el primer paso hacia la restauración de la armonía. El que se dé cuenta primero de lo que está ocurriendo (se da cuenta a través de la nube negra del desacuerdo que crea desarmonía y pone en peligro la relación amorosa) debe decir algo como «No estamos en armonía. No creo que podamos solucionar esto hablando porque lo vemos desde muy distintos puntos de vista. Podemos seguir esta discusión más adelante, cuando ambos estemos más tranquilos».

El segundo paso es que la persona que ha podido soltar la discusión sugiera al otro que se tumben juntos y que practiquen la meditación fortalecedora como forma de unirse y de restaurar la armonía. Somos conscientes de que lo último que apetece hacer en medio de una pelea es esto, así que es una de las reglas a las que se comprometen las parejas tántricas de antemano. Recuerda que el mantenimiento de la armonía en la relación es la primera consideración. Sean cuales sean las cosas que le ocurran a uno se consideran subordinadas a eso. Además, los tántricos comprenden que la reconciliación mental, emocional o física no se puede lograr entre una pareja hasta que se reconcilie su *energía*. Una discusión es casi como si los chakras fundieran un circuito. Así que aunque tal vez sientan una repulsión energética, los compañeros se tumban juntos en la postura fortalecedora.

Inmediatamente la situación cambia. Se añade un nuevo elemento que diluye el ambiente, cambia su concentración. Sam podría seguir pensando que Linda es testaruda o que actúa como una niña, por ejemplo, pero ahora es consciente de su cuerpo, aunque sólo sea por la energía negativa que aún genera. Sam podría no sentir ninguna atracción hacia Linda en este punto, pero sus esfuerzos conscientes por restaurar la armonía se cualifican no sólo como acto solidario, como una demostración de su dedicación a la relación, sino también como acto de meditación, porque está cambiando conscientemente el enfoque de su mente desde un cuadro intelectual de desacuerdo a una forma física pasiva y energética de comunicación. Linda también empieza a concentrarse en Sam, comunicándose pasivamente con él en vez de emocionalmente. Los dos se hacen conscientes de su respiración; se dan cuenta de que es rápida y poco profunda. Esto es debido a que el sistema de respiración parece dejar de funcionar en cierto grado cuando existe tensión, quizá como un esfuerzo para proteger al cuerpo sutil interior. Linda y Sam, conscientemente, empiezan a respirar más lenta y profundamente. Ajustan su respiración el uno al otro y empiezan a respirar como uno.

Una vez que la pareja haya unido su respiración, el ajuste armónico empieza casi inmediatamente. En unos cinco minutos la mayoría de las parejas ya habrán corregido el hecho de que sus chakras funcionen con frecuencias incompatibles. A ese nivel sutil habrán creado una reconciliación. No habrán resuelto la disputa, por supuesto, pero estarán juntos otra vez, y juntos es la única forma en que podrán solucionar el desacuerdo.

Piensa en Linda y en Sam la siguiente vez que tú y tu pareja discutáis, e intenta la meditación fortalecedora como método para restaurar la armonía. Realiza la meditación completa, y cuando empecéis a sentiros juntos otra vez, al hacerse los chakras compatibles, intenta sentir vuestra unión y la armonía que produce conscientemente. Miraos el uno al otro y conectad con los ojos. No digáis nada; comunicaos simplemente con la luz de vuestros ojos. Quizá veas que ahora entiendes la situación de otra forma, o que su importancia es menor. Sin embargo, de ninguna manera debe afrontarse el problema en este momento. Acordad hablar de ello al día siguiente, cuando ya no estéis bajo la influencia del enfado o de la sensación de estar herido. Si es un tema por el que ya habíais reñido antes, podría ser buena idea hablar de ello estando presente un amigo en quien ambos confiéis. Una tercera persona puede ayudar a no desviar la discusión del tema principal, y la pareja normalmente se comunica con más cuidado cuando hay otra persona presente.

Una vez que haya tenido efecto la meditación fortalecedora y tú y tu pareja os sintáis más unidos, podéis iniciar el tercer paso, una co-

51

municación ritual que llamamos «lenguaje sin culpabilidad». En esta expresión verbal de amor y perdón, ambas partes expresan tristeza por su parte en el desacuerdo, y afirman su amor y su deseo de restaurar armonía. Aunque esto podría parecer artificial, piensa que el rito es de por sí algo artificial que comunica con mayor profundidad que las mismas palabras. En este ritual la pareja reconoce que su desacuerdo les pertenece a los dos, que a ambos les pertence una parte, y que el amor, el perdón y la armonía mutuos tienen la fuerza para calmarlo y acallarlo.

❀

EL MÉTODO DE LOS TRES PASOS
PARA RESTAURAR LA ARMONÍA

1. Soltar.
2. Reconectar a través de la meditación fortalecedora.
3. Comunicar con un lenguaje exento de culpa.

❀

Si notas que volvéis a la discusión cuando empezáis a hablar, o si no ves brillo en los ojos de tu pareja, no sigas con una comunicación verbal. Hoy no se resolverá la disputa, y lo mejor que se puede hacer es afinarse aún más físicamente. *Sujetaos el uno al otro más tiempo. Este acto es a la vez literal y figurativo de la forma de agarrarse al amor.* Se logrará un equilibrio con la pareja en esta postura fortalecedora. Realmente funciona. Aunque estéis enfrentados intelectual y emocionalmente, los sistemas sutiles del cuerpo no pueden sino verse afectados por la sincronización energética que se logra en este ejercicio. El nivel de equilibrio varía, sin embargo, y si es demasiado delicado, o si la discusión es un síntoma de algo mayor, la armonía que se produce podría seguir disolviéndose, y tendrá que ser restaurada hasta que se trate el problema verdadero. No presiones la armonía recientemente restaurada: espera a afrontar los problemas hasta que ambos os sintáis positivos y fuertes.

¿Y qué ocurre con las parejas que se han separado, que ya no son compatibles, que han intentado sin fortuna la orientación matrimonial? ¿Funcionará para ellos el método de los tres pasos? Probablemente no. Cuando ya no existe amor en una pareja, no puede ser fácilmente reavivado. Para las parejas que se han perdido el uno al otro de esta forma, podría ser imposible lograr la armonía, o ésta podría ser efímera. La muerte del amor es una pérdida tan dolorosa como cualquier otra, y creemos que a menudo es mejor reconocerla, como se reconocería cualquier otra muerte, sepultándola ritualmente, y luego seguir con la vida.

En la gran mayoría de las parejas con quienes trabajamos, sin embargo, aún existe amor, y buscan formas de asegurarlo, profundizarlo, mantenerlo. Estos hombres y mujeres suelen contarnos que el método de los tres pasos para restaurar la armonía les refresca y les apoya incluso con sus diferencias. Combruébalo por ti mismo. La siguiente vez que tú y tu pareja discutáis, recuerda la regla de oro de que reine la armonía, y suelta la discusión. Luego adopta con tu pareja la postura fortalecedora y empieza la meditación. Finalmente, al sentir que los cuerpos se unen otra vez, iniciad el ritual del lenguaje sin culpabilidad el uno con el otro. Personaliza el proceso para ti mismo utilizando palabras que hayas elegido y creando variaciones. En nuestra propia relación, por ejemplo, hemos introducido una «cláusula de rechazo de una vez». En otras palabras, si uno está listo para hacer las paces y el otro aún está «estancado», la persona que todavía no está preparada podría rechazar reconciliarse durante un período de diez a quince minutos. Entonces, antes de entrar en la meditación fortalecedora, la persona aún enfadada o dolida se ducha, y después adopta la posición receptiva, interior, en dicha meditación. (La ducha es importante; los tántricos utilizan un baño ritual para refrescarse «alma y cuerpo». La gente siempre se sorprende de lo rápido que esto cambia los niveles de energía hacia la dirección de la rearmonización.)

REGALOS DE AMOR

Aunque el método de los tres pasos ayuda a restaurar la armonía en una relación en la que temporalmente se había interrumpido, existe

53

otra forma importante de comunicación para la pareja que, si se practica regularmente, puede ayudar a mantener la armonía en un muy alto grado.

A menudo se describe el amor como el más grande de los regalos que pueden ofrendarse —quizá por su misterio mismo—. No sabemos de donde viene; en realidad, ni siquiera podemos definirlo muy bien. Para demostrar su percepción del amor como regalo, y para comunicar su aprecio por haberlo recibido, los tántricos se hacen regalos frecuentemente.

Estos regalos pueden ser de muy diversas formas y procedencias. Por una parte pueden ser materiales, es decir, lo que llamaríamos «expresiones tangibles de amor». Las flores, por ejemplo, han sido utilizadas para estas funciones ceremoniales en todas las culturas y en todas las edades. Son regalos perfectos para ofrecerse mutuamente; símbolos de vida y crecimiento, traen consigo fragancia, color y belleza. Pero, por supuesto, también se pueden expresar los regalos verbalmente —«Te quiero» o «Qué guapa estás» son ejemplos bien claros—. O finalmente, pueden ser algo que posea tanto valor material como los diamantes, las joyas, el oro...

Como muchas de las artes y rituales tántricos, el acto de dar una muestra de amor, de ofrecer un regalo, simboliza algo mayor. Para los amantes tántricos, los regalos (sea cual sea su forma) son ofrendas, y el acto de dar es un acto de honrar, de rendir homenaje, algo así como un acto de adoración.

Los regalos de amor pueden adaptarse para alegrar al receptor, y puesto que son simbólicos pueden ser las cosas más sencillas. Uno podría sorprender al otro con unas entradas para el teatro, por ejemplo, o podría invitarle a cenar; podría dejar notas de amor en lugares donde el otro no las espera, preparar la comida favorita del otro, darle un masaje o lavarle el coche.

Ceder también podría considerarse un regalo, y definitivamente puede ser una expresión de amor. Por ejemplo, ella va a esquiar con él aunque preferiría estar de compras o en casa leyendo; él va a bailar con ella aunque preferiría estar en casa viendo los deportes en la tele. Ceder toma un significado totalmente distinto cuando la meta más alta es la armonía. Los tántricos saben que nunca podrán hacer a la otra persona feliz, pero pueden ofrecer a su compañero íntimo muchas razones para que se sienta feliz y amado. Esto se considera una responsabilidad sagrada de la pareja. Así pues, ofrece algo a tu pareja todos los días si te es posible, o al menos haz a tu compañero un regalo de amor cada semana.

CINCO

SANACIÓN TÁNTRICA

❀

¡Guíame de lo irreal a lo real!
¡Guíame de la oscuridad a la luz!
¡Guíame de la muerte a la inmortalidad!

Brihadaranyaka Upanishad

Ya hemos hablado de que las prácticas tántricas llegan a los niveles físico, intelectual y espiritual. Existen aspectos del Tantra que tratan de cualidades que se encuentran en cada uno de estos niveles. En nuestro estudio de los textos tántricos hemos observado que la extrapolación de los aspectos sanadores del Tantra puede ser útil como terapia para lo que podríamos llamar *heridas psicosexuales*.

Utilizamos la palabra *extrapolación* porque el tipo de sanación que necesitaban las parejas tántricas hace cinco mil años —por lo menos en esta área— no es comparable con la sanación que necesitamos nosotros en la era moderna. Los primeros practicantes hindúes del yoga tántrico experimentaban y enseñaban juego sexual y unión sexual como un acto de celebración alegre, como demostración de que existía conexión entre la pareja, como una afirmación simbólica de la unidad inherente a la relación y como medio de lograr lo sublime desde el punto de vista espiritual. El arte del amor sexual era la más noble de las sesenta y cinco artes y ciencias que un tántrico aspiraba a dominar. Así, no prevalecían los complejos sexuales, y la sanación tántrica significaba algo bastante distinto de lo que queremos decir cuando aplicamos el término a las parejas de hoy.

Es interesante observar que los libros tántricos se refieren a nuestra era —este período de cambio de siglo— como parte de la edad de la oscuridad, *Kali Yuga* en sánscrito, y la referencia es bastante específica en cuanto al estadio evolutivo sexual primitivo de nuestra era. Las escrituras védicas (un profundo cuerpo de filosofía y sabiduría hindú) también identifican este tiempo nuestro como la Edad de la Oscuridad, y lo describen como un período en el que «la sociedad llega a una etapa en la que la propiedad designa el rango, la riqueza se convierte en la única fuente de virtud (...) la falsedad en la única fuente para lograr éxito en la vida (...) y las vestimentas exteriores se confunden con la religión interior».

Afortunadamente, según el mismo calendario, ya estamos en el límite mismo de esta oscuridad, en los últimos años de esta era, y a punto de entrar de nuevo en la Era de la Verdad, o *Satya Yuga*. Y hay pruebas visibles de que nos encaminamos en esa dirección. Parece ser que cada vez somos más los que estamos haciendo un esfuerzo para conocernos mejor a nosotros mismos y a los demás, los que deseamos arrojar luz sobre cualquier oscuridad que exista dentro de nosotros, los que buscamos iluminar un sendero para otros o provocar una diferencia positiva en este mundo, sea en pareja o individualmente.

❀

LAS «OTRAS» SESENTA Y CUATRO ARTES
(Adaptado del *Kama Sutra de Vatsyayana*)

1. Cantar
2. Tocar instrumentos musicales
3. Bailar
4. La unión de bailar, cantar y tocar música instrumental
5. Escribir y dibujar
6. Tatuar
7. Ataviar y adornar un ídolo con arroz y flores
8. Extender y arreglar flores
9. Colorear los dientes, la vestimenta, el pelo, las uñas y el cuerpo
10. Colocar vidrio coloreado en el suelo
11. Hacer camas y extender alfombras y cojines para reclinarse
12. Tocar vasos musicales llenos de agua
13. Almacenar y acumular agua en acueductos, cisternas y depósitos
14. Hacer cuadros, adornar y decorar
15. Hilar rosarios, collares, girnaldas y coronas

16. Atar turbantes y girnaldas, y hacer crestas y moños de flores
17. Representaciones escénicas, dramatización en escena
18. Hacer adornos para las orejas
19. Preparar perfumes y olores
20. Disponer adecuadamente joyas, ornamentos y adornos al vestir
21. La magia de la hechicería
22. Rapidez de manos o habilidad manual
23. Arte culinario
24. Preparar limonadas, sorbetes, bebidas ácidas y extractos de alcohol con el sabor y color adecuados
25. Trabajo de modista y costura
26. Hacer flores, copetes, borlas, etc., de lana o hilo
27. Resolver adivinanzas, jeroglíficos y enigmas
28. Habilidad en un juego de versificación, que requiere que el jugador comience un verso con una palabra que empiece con la misma letra con la que acabó el verso del jugador anterior
29. Arte de la imitación y de la parodia
30. Leer, incluyendo el canto llano y la entonación
31. Estudio de oraciones difíciles de pronunciar (juego especialmente destinado a niños y mujeres)
32. Práctica con la espada, palo, barra, y arco y flecha
33. Argumentar, razonar
34. Carpintería
35. Arquitectura
36. Conocimiento de las monedas de oro y plata, de las joyas y piedras preciosas
37. Química y mineralogía
38. Colorear joyas, piedras preciosas y cuentas
39. Conocimiento de las minas y canteras
40. Jardinería
41. Pelea de gallos, pelea de codornices y pelea de carneros
42. Enseñar a los loros y estorninos a hablar
43. Aplicar ungüentos perfumados al cuerpo, y trenzar y vestir el pelo con ungüentos y perfumes
44. Comprender la escritura cifrada
45. Hablar cambiando la forma de las palabras

46. Conocer un idioma y los dialectos vernáculos
47. Hacer carros de flores
48. Enmarcar diagramas místicos y conocer encantamientos
49. Ejercicio mental, como puede ser completar versos o estrofas, o poner en verso o prosa oraciones representadas con símbolos
50. Componer poesías
51. Conocimiento de diccionarios y vocabularios
52. Conocimiento de las formas de cambiar la apariencia de las cosas, como, por ejemplo, hacer que el algodón se parezca a la seda
53. Distintas formas de juegos de apuestas
54. El arte de obtener la posesión de la propiedad de otros por medio de mantras o encantamientos
56. Habilidad en deportes juveniles
57. Conocimiento de las reglas de cortesía y cómo mostrar respeto y decir cumplidos a otros
58. Conocimiento del arte de la guerra
59. Conocimiento de la gimnasia
60. Conocer el carácter de una persona por sus particularidades
61. Conocimiento de la construcción de versos
62. Creaciones aritméticas
63. Hacer flores artificiales
64. Hacer figuras e imágenes de arcilla

❀

EL SEXO EN LA EDAD DE LA OSCURIDAD

Intentemos ahora sacar a la luz algunos de los problemas a los que nosotros, los hijos de la Edad Oscura, nos enfrentamos. Empezaremos con los diversos mensajes que hemos recibido sobre el sexo desde nuestra infancia. La mayoría de los niños, por ejemplo, se dan cuenta a una edad muy temprana y a través de la masturbación de la agradable sensación que el sexo proporciona, y a la mayoría se les dice, bajo términos más o menos amenazadores, que no lo hagan. La mayoría de las religiones intentan regular el sexo con leyes que dicen cómo y cuándo debe ser practicado, y con serios castigos para los que las desobedezcan. Nuestros cuerpos no realizan ningún juicio moral sobre el sexo, pero muchos de nosotros absorbemos la visión de nuestra iglesia o de nuestros padres, y, continuemos o no aceptando esta visión como verdadera, aún llevamos con nosotros ese mensaje de que, excepto bajo circunstancias especiales, el sexo es malo. Incluso durante la revolución sexual, cuando se practicaba una libertad sexual comparativamente no inhibida, muchos individuos seguían inseguros sobre si dicha libertad era correcta. No es fácil borrar las lecciones de una generación anterior en una o dos décadas.

Como resultado, hay muchas personas que viven con un sentimiento de culpabilidad por el pasado, sea real o imaginario. Cuando a ello se le une la culpabilidad por haber cometido una «ofensa o delito contra la ley penal o moral», la sexualidad se convierte en algo ofensivo y delictivo. Y de la misma manera en que la culpabilidad a menudo trae consigo remordimiento, también puede hacer lo mismo el sexo. Los que sufren con el conocimiento sutil de que lo que están haciendo está mal porque no están casados, o porque no están procreando, o incluso, a un nivel más profundo, porque sienten que no merecen el placer que se experimenta con el sexo, probablemente sentirán a la vez culpabilidad y remordimiento.

Además, con la aparición del sida hemos llegado a asociar el sexo con la posibilidad de enfermar. Por supuesto, esto no es un fenómeno nuevo; las enfermedades venéreas han existido durante siglos. Pero nacimos con suerte, ya que la medicina moderna nos ha ofrecido —hasta la llegada del sida— una forma de evitar las infecciones sexuales serias.

Otra característica que asociamos al sexo es la de la vergüenza. Aprendemos ya de muy pequeños que no debemos tocar nuestros genitales en público, ni tan sólo hablar de ellos. Está bien hablar de otras partes del cuerpo, pero no de ésas del segundo chakra. Incluso las artes sanadoras, incluso los médicos holísticos conscientes, evitan tratar el centro sexual. El masaje, por ejemplo, es aceptable cuando se aplica a cualquier otra parte del cuerpo que no sea las áreas sexuales.

Entre las parejas con quienes trabajamos encontramos muchas impresiones negativas unidas a los órganos sexuales. Por ejemplo, tanto los hombres como las mujeres asocian cosas negativas a la menstruación. Algunos hombres se sienten intranquilos o incluso algo bascosos al respecto, mientras que algunas mujeres suelen asociarla con dolor físico, con miedo o vergüenza. (Todos asociamos la pérdida de sangre con heridas y traumas, y a nadie le gusta eso.) Por otra parte, erecciones involuntarias y eyaculaciones prematuras pueden hacer que los hombres se sientan inseguros o que sientan que han perdido el control de la situación. El orgasmo en sí es un espasmo físico incontrolable. Y todos nos hemos preocupado en un momento u otro de la apariencia de nuestros órganos sexuales, haciéndonos preguntas de lo más diversas. ¿Es demasiado grande, o demasiado pequeño? ¿Tiene la forma adecuada? ¿Huele?

Muchos de nosotros hemos oído alguna vez de que «las buenas chicas no lo hacen», frase realmente perversa. A los niños se les enseñaba que el único tipo de chica que deberían «amar» (para casarse o para tener un relación seria) era una de esas muchachas que no lo hacían. Las chicas recibían el mismo mensaje, y por tanto se horrorizaban (o aparentaban hacerlo) cuando un chico intentaba tocarlas. Obviamente, el «amor» excluía el sexo, y viceversa.

Aunque quizá pensemos que todo esto no es actual, la mayoría de nosotros aún llevamos dentro esos prejuicios. En muchos casos esta adoctrinación inadecuada no nos impide encontrar pareja o ser amantes; pero incluso aunque rechacemos dichos prejuicios la programación a veces aparece, convirtiéndose en un factor sutil de la forma en que nos vemos a nosotros mismos en nuestra sexualidad y en nuestra relación. Incluso aunque nuestra historia sexual no cause problemas visibles, puede tener un efecto oculto en nuestra habilidad de proyectar y sentir amor a través del centro sexual.

Como si estas enormes impresiones negativas en cuestiones de sexualidad no fueran suficiente estorbo, los que vivimos en esta Edad de la Oscuridad soportamos además la carga de no estar educados en el sexo. A diferencia de los tántricos orientales, llegamos a nuestro despertar sexual torpe y temerosamente y muy a ciegas. Incluso personas sofisticadas, experimentadas sexualmente, con buena educación y mucho mundo, actúan con suposiciones sexuales falsas, con desinformación. Muchos de nosotros nunca nos damos cuenta, incluso después de años de relaciones sexuales, de todo el potencial posible existente en la unión sexual.

Además de todos estos factores, que realmente son simplemente una capa compuesta de influencias, en gran medida externa, nos cargamos con una memoria interna personal que es incluso más inmediata que nuestra adoctrinación cultural. Nuestras experiencias sexuales personales pueden habernos decepcionado, habernos dolido o habernos causado más miedo que deleite. Según los libros tántricos, estas experiencias son tanto síntomas de la Edad de la Oscuridad como productos del individuo.

Obviamente toda esta negatividad va a tener un efecto perjudicial sobre nuestra sexualidad presente y futura. La aplicación de los principios tántricos puede borrar las cicatrices causadas por nuestra historia sexual, tanto personal como cultural. Una y otra vez lo hemos comprobado, porque el Tantra se dirige a la negatividad en los niveles más profundos. Abarca todo lo yin o todos sus aspectos oscuros, y lo empareja con su opuesto, la cualidad yang, o luz. El yoga tántrico es un acto de equilibrio. Cuando aparece la desarmonía la pareja tántrica realiza intencionadamente una revisión consciente, equilibrando los impulsos negativos u opuestos del cuerpo. Cuando los tántricos intercambian amor sexual, toman sus centros separados de impulsos o chakras corporales para equilibrar el yin y el yang, lo femenino y lo masculino, lo negativo y lo positivo. De la misma manera se puede lograr equilibrio en las historias sexuales negativas aportadas a una relación. El Tantra trata directamente esta área donde puede que existan heridas psíquicas o físicas. Utiliza el amor como tranquilizador, como tónico y como panacea para las heridas sexuales.

SANACIÓN DE LUZ

No es fácil imaginar una terapia —freudiana, jungiana o gestáltica, en grupo o individual— que no requiera, para principiantes, arrojar luz clarificadora sobre el problema. Alumbrar algo es un gesto muy yang o positivo que inmediatamente afecta a la situación negativa. El Tantra asegura que las impresiones negativas de prejuicios sexuales y de experiencias pasadas tienen su hogar en la región del segundo chakra, de igual forma que las lesiones mantenidas por ambición o miedo descansan en el tercer chakra, y la rotura de corazón en el cuarto. La sanación tántrica requiere que tratemos directamente el chakra que está realmente afectado.

El primer paso hacia la sanación de las cicatrices consiste en iluminar el segundo chakra para que podamos «ver» lo que está causando el cortocircuito o el bloqueo, el miedo, la frialdad, la ira, o simplemente la locura. Utilizamos técnicas tántricas de meditación para iluminar, para crear un ambiente por el que podamos ver, un ambiente radiante que tenga el poder de animarnos y movernos a través de la oscuridad. En el segundo capítulo hemos descrito varias técnicas para centrar la mente; se puede utilizar cualquiera de ellas para lograr un estado de meditación, que es la primera fuente de luz porque nos lleva de nuestro ser inferior a un estado mental superior. Una vez conseguido este estado, nos centramos en el segundo chakra. El yantra o símbolo del segundo chakra es una luna creciente, como una cuna, dentro de un círculo (véase la ilustración de la pág. 28). Imagínate el emblema pintado sobre una puerta que se abre hacia una habitación llena con tus pertenencias sexuales. Debes entrar en esta habitación con una lámpara contra la oscuridad. Debes atravesar la habitación, para poder superar los obstáculos personales; cada vez que entres aquí con luz, erradicarás un poco de oscuridad.

Las terapias occidentales requieren que el individuo entre en esta habitación de prejuicios y de experiencias pasadas solo. Se puede visualizar con guía espiritual, se puede tener el apoyo de un terapeuta u orientador a lo largo del camino, pero el viaje debe realizarse solo. Sin embargo, el yoga tántrico exhorta a las parejas a realizar el viaje juntos. Su fuerza combinada hace que sea más fácil abrir las puertas de sí mismos, y sus naturalezas opuestas facilitan el equilibrio y la sanación del uno al otro.

COMPAÑEROS COMO SANADORES

Cuando los compañeros son sanadores el uno del otro, cuando crean luz el uno dentro del otro (una especie de terapia de radiación para tratar el dolor, el miedo o la desconfianza), entonces realizan una conexión profunda en la que están implicados dos tipos de energía: la energía de la intimidad y la energía de la pasión sexual.

Y ambas son los ingredientes básicos en el amor tántrico.

Los textos tántricos identifican el cuarto chakra (el del corazón, que es el asiento de la intimidad) como un centro de energía claramente retrógrada para el hombre y progresiva para la mujer. Se puede dibujar como una rueda que da vueltas en sentido contrario al de las agujas del reloj en el caso del hombre, mientras que el de la mujer da vueltas en el sentido de las mismas. La energía del hombre está en un estado de reversión, la de la mujer es capaz de conversión. Tal es la naturaleza de los hombres y de las mujeres, dicen los escritos antiguos. Debido a esto, en la mayoría de los hombres las dificultades psicosexuales y las impresiones sexuales negativas que habitan en el segundo chakra encuentran un ambiente negativo compatible en el cuarto chakra, que a menudo se traduce en una dificultad para lograr y expresar intimidad.

Por otro lado, el segundo chakra, hogar de la energía y motivación sexual, es un centro de energía retrógrada en la mujer, mientras que para el hombre es un punto central del poder transmutable. Así que la propaganda sexual negativa es llevada al segundo centro negativo de la mujer y habita ahí como dificultad para expresarse sexualmente, y a menudo como dificultad para lograr una sexualidad satisfactoria.

Por tanto aquí estamos, hombres y mujeres, hábil cada uno en una área en la que el otro tiene deficiencias. En combinación, en equilibrio, la pareja puede anular tal deficiencia enseñando el uno al otro los secretos de su respectiva fuerza individual. Pueden utilizar el arte, la ciencia y el ritual de hacer el amor tántrico para lograr un poderoso yoga sanador (o unión), para abrir las puertas el uno al otro, el uno para el otro, y para la relación en sí. Este yoga puede sustituir recuerdos oscuros con una presencia brillante, crear una nueva comprensión del significado del sexo, la sexualidad y el compañerismo, y eliminar los celos, los sentimientos posesivos y otros fantasmas del pasado sobre la base de una seguridad absoluta, seguridad que cobra la pareja tántrica en la práctica del arte.

SEGUNDA PARTE

EL PLACER SEXUAL:
LOGRAR EL ÉXTASIS EN EL AMOR

SEIS

DESPERTAR A LA DIOSA

❀

El espíritu del valle nunca muere;
Es la mujer, madre primaria.
Su entrada es la raíz del cielo y de la tierra...

LAO TSE, *Tao te Ching*, número 6

E n el último capítulo decíamos que los libros tántricos describen nuestra época como el final del *Kali Yuga*, o Edad de la Oscuridad, un período que comenzó hace más de dos mil años. El Kali Yuga ha estado marcado por la corrupción y la dificultad, y, según los textos tántricos, ha sido una era durante la cual el poder femenino ha sido suprimido. Metafóricamente, la diosa hindú Shakti, que representa el principio femenino, ha estado durmiendo durante dos milenios. Existen varias teorías sobre esto. Una explicación es que el hombre tuvo miedo de la intensidad del *shakti* (poder energético) de la mujer, y de lo que éste era capaz —por ejemplo, de la creación—, así que le condujo a una posición subordinada para suprimir ese poder de ella que tanto temía.

Aunque los historiadores difieren sobre la fecha exacta del comienzo del Kali Yuga, muchas autoridades creen que fue en el tercer o cuarto siglo anterior a la era cristiana, aproximadamente al mismo tiempo que el taoísmo llegó a su apogeo en China y el confucionismo empezaba a cobrar nueva popularidad. Lo que había sido un sistema político y social bastante igualitario empezó a cambiar. Si antes el emperador y la emperatriz gobernaban como iguales, ahora sólo el emperador era soberano. Similarmente, en el acto sexual tántrico taoísta el hombre empezó a asumir un nuevo papel. Aunque las técnicas originales tántricas requerían un intercambio de energías positivas y negativas, de yang y yin, igual entre el hombre y la mujer, el principio de la Edad de la Oscuridad vio cómo el hombre utilizaba la energía de su cónyuge para sus propios recursos y longevidad, sin preocuparse de que ella se rehiciera. Por tanto, no es sorprendente que la diosa prefiriera ponerse a dormir.

También en la India sucedió algo parecido: después de que el país fuera vencido por varias tribus guerreras, se dio un gran predominio de los hombres, cuya influencia acabó por imponerse a una sociedad que hasta entonces se había caracterizado por ser predominantemente matriarcal. Y por tanto esa fuerza que llamamos *shakti*, personificada por la diosa, dejó el poder que tenía y partió también hacia el ámbito de los sueños.

EL AMANECER DE UNA NUEVA ERA

Ahora, al acercarnos a la Nueva Era, que el Tantra llama *Satya Yuga*, la Edad de la Verdad, vemos cómo los fuegos femeninos empiezan a brillar de nuevo. Creemos que la diosa comenzó a despertarse en los años setenta, durante el período que conocemos como la Revolución Sexual, y que aún está desperezándose. El interés de las mujeres por estar en forma física, por el ejercicio, por cuidar su salud, puede verse como una manifestación de ese desperezarse. Su cada vez mayor participación en la política, los negocios y el mundo espiritual es también una demostración de su aparición como una nueva fuerza en el mundo moderno.

Todo ello es movimiento que tiende a salir de la subconsciencia. Es movimiento hacia el mundo. La diosa abre los ojos. Sacude de sí la Edad de la Oscuridad; se sacude su sueño secular. Pronto saldrá a la luz, y su luz iluminará a toda la humanidad. Cuando esto ocurra, cuando las mujeres se despierten y se libere esta tremenda energía orgásmica al mundo, habremos llegado a la Nueva Era, la Edad de la Verdad. Para las mujeres mismas, las diferencias serán tan grandes como la diferencia entre el día y la noche.

❀

70

Por supuesto, una cosa es hablar metafóricamente, y otra hablar en términos reales. Esta cuestión del despertar de la diosa no es en realidad una cosa tan sencilla. Durante más de dos mil años de supresión, el fuego de las mujeres se ha enfriado. Ahora de pronto amanece la «Nueva Era», y las mujeres deberán haber evolucionado en muchos niveles, particularmente en el sexual. No sólo se espera que experimenten orgasmos fabulosos, además deberán ser múltiples. Esto es suficiente para poner nerviosa a cualquiera, especialmente a todas aquellas mujeres a las que no les es tan fácil experimentar orgasmos. «Eso está bien para la diosa», podría decir una mujer moderna, «¿pero y yo qué?»

El hecho es que es preciso enseñar tanto a los hombres como a las mujeres a despertar la energía sexual dormida de la mujer. Antiguamente, los tántricos aprendían con profesores el arte de amar, así como también las otras sesenta y cuatro artes y ciencias que se esperaba que conociera el discípulo del Tantra. Hoy, los hombres y las mujeres pueden aprender a enseñar el uno al otro, y el Tantra puede ayudarles. Podrían considerar el Tantra como una clase magistral de amor y de relación. En esta educación continua se guían el uno al otro, y la experiencia puede ser extremadamente poderosa. Porque cuando se vuelve a encender el fuego de la mujer después de tanto tiempo, y es cuidado y alimentado por su pareja, los beneficios para ambos pueden ser grandiosos. Especialmente a las mujeres, el que sus fuegos sexuales apagados se aviven puede llevarlas a sorprendentes e inesperadas sensaciones. El despertar sexual de la mujer puede, a diferencia del propio del hombre, propulsarla en su sendero espiritual. Los hombres practican el celibato y logran la iluminación espiritual, pero según los textos tántricos la iluminación de la mujer es facilitada por la carga eléctrica de su naturaleza orgásmica. Compartiendo sexualmente, una mujer activa una poderosa energía sexual/espiritual, su shakti, que entonces se libera hacia su cuerpo físico y hacia su psique, creando el ambiente para su despertar y su iluminación espiritual. El Tantra reconoce la espiritualidad como un tipo de reorganización de la misma energía que la de la sexualidad, así que cuando una mujer aumenta su poder sexual aumenta también, a un nivel casi celular, la fuerza de su aspecto espiritual.

Una vez despierta la mujer, ambos miembros de una pareja se benefician. Aumenta en la mujer el placer y el deseo de hacer el amor, que podría ser incluso mayor que el posible placer y deseo sexual del hombre. El acto sexual tántrico promueve la salud y la vitalidad, y tanto el hombre como la mujer se benefician físicamente. Psicológicamente el Tantra también es un arte sanador. Hemos hablado de las varias cargas negativas que pueden estar asociadas con el segundo chakra, el centro de energía situado en la zona de los genitales (asociaciones negativas que vienen de la información de nuestros padres, de nuestras propias experiencias pasadas dolorosas, o de vergüenzas que aprendimos en alguna parte en nuestro camino particular). Las prácticas tántricas pueden descargar el poder negativo en el segundo chakra, y al hacerlo crear enormes recursos de energía positiva disponible en todas las áreas de la vida, no sólo en la sexual. Descubrirás una energía desconocida hasta entonces para ti, una energía creativa que refrescará tu mente, te fortalecerá y restaurará tu entusiasmo.

CINCO NIVELES DE EXPERIENCIA ORGÁSMICA

Cuando sus recursos sexuales han sido despertados y su pasión encendida, una mujer puede llegar a un orgasmo en uno o dos minutos si así lo desea. Los orgasmos múltiples ya no son una mera utopía para ella, y descubre que su energía sexual (no la energía sexual de la diosa, sino la suya propia) es ilimitable.

Podemos identificar cinco niveles de actividad orgásmica en la mujer, empezando por el *nivel preorgásmico*, que incluye a las mujeres que nunca han experimentado un orgasmo, así como también a las que no están seguras de ello. Las mujeres de este nivel podrían no haber tenido nunca la experiencia de hacer el amor, o quizá nunca se hayan masturbado o no han sido capaces de llegar a un clímax con la masturbación. Quizá sean activas sexualmente pero padecen un bloqueo psicológico debido a las asociasiones negativas o incompatibilidades previas. O quizá hayan sido adoctrinadas con la idea de que las buenas chicas no deberían disfrutar del sexo; o tal vez simplemente tengan miedo de «perder el control».

El segundo nivel, que llamamos *a veces orgásmico*, puede ser mucho más frustrante que el nivel preorgásmico. Haber experimentado el sentimiento del orgasmo y no poder sentirlo cuando se quiera, no tener acceso a los poderes de uno mismo, puede llegar a ser intensamente desolador.

Luego está el nivel *orgásmico*. Estas mujeres sí tienen acceso a esa poderosa energía. Han experimentado el orgasmo y saben qué posturas y qué combinación de besos y caricias lo provocan. Y es ahí donde las mujeres de este nivel se contentan y concluyen: «He tenido mi orgasmo, querido, y tú has tenido también el tuyo. Te quiero. Buenas noches».

Luego existe el cuarto nivel, *orgasmos múltiples*, como los fuegos artificiales de la verbena de San Juan —están llenos de colorido e intensidad—, una cadena de posibilidades de placer que traspasan la estrastosfera orgásmica.

Más allá está el quinto nivel, que los sexólogos llaman *orgasmo extendido* y que los tántricos conocen como la *ola de la felicidad*. Se trata de un nivel de excitación que crece en intensidad y que puede durar de diez a veinte minutos, o incluso más. Los escritos tántricos describen cómo el shakti logra siete picos de éxtasis —cada pico más alto, fuerte y poderoso que el anterior— hasta que ya en lo más alto libera su néctar, su *amrita*, la eyaculación femenina.

Esto no es un cuento de hadas. Toda mujer tiene esta posibilidad, pero debe desear despertarla, y lo debe desear para sí misma, no para satisfacer a su compañero.

ANATOMÍA DE UNA DIOSA:
LOS DOS POLOS DE PLACER
DE UNA MUJER

Recientemente se ha dado mucha publicidad al debate sobre la existencia del punto Grafenberg, o punto G. Freud empezó tal polémica afirmando que un orgasmo clitoriano es un orgasmo inmaduro, lo cual sugiere la existencia de algo así como un orgasmo «maduro» logrado de otra forma que no sea a través del clítoris. Los psicólogos aceptaron esta teoría durante un tiempo, definiendo dos tipos de orgasmo femenino, el de clítoris y el de vagina. En los años sesenta, William Masters y Virginia Johnson, gurús con renombre en el campo de la sexología, tacharon de desafortunada a la frase de Freud, y mantuvieron que, de hecho, el orgasmo vaginal era un mito, que el orgasmo femenino sólo se logra estimulando el clítoris. Hay orgasmos más fuertes y más débiles, pero todos vienen de la misma fuente. Actualmente muchos investigadores cuestionan la teoría de Masters y Johnson. John Perry y Beverly Whipple, por ejemplo, están de acuerdo en que el clítoris es uno de los puntos que puede estimularse para desencadenar el orgasmo de una mujer, pero aseguran que no es el único.

Los tántricos no entran en este debate. Han sabido, desde que Shiva lo pronunció en los libros sagrados, que dentro de la mujer hay dos polos sensitivos, o puntos cargados: el polo norte o adelantado, que es el clítoris, y el polo sur, más profundo, llamado el *punto sagrado*, que es lo mismo que el punto G.

Como hemos resaltado, los textos tántricos fueron escritos como un diálogo entre el dios hindú Shiva y su amada, Shakti. Tal vez por ser deidades de la tradición hindú, no atadas por las inhibiciones humanas, Shiva y Shakti pueden hablar abiertamente entre ellos de cosas muy íntimas; cosas de las que a nosotros, pobres mortales, nos resulta difícil hablar. Cosas, sobre las que, de hecho, podríamos creer que no deberíamos hablar.

Nos avergüenza un poco el sexo. A algunos mucho. Nos sonrojamos. Bajamos la mirada. Incluso el vocabulario de que disponemos para referirnos a él y a nuestros órganos sexuales nos avergüenza —demasiado clínico, demasido vulgar, demasiado callejero—. Compara, por ejemplo, las designaciones orientales del órgano masculino, como Tallo de Jade y Cetro de Luz, con nuestros motes occidentales «chorra» y «pito»; compara Puerta Preciosa, Umbral Dorado y Corazón de Flor con «coño».

Obviamente no podemos comunicarnos sin palabras, especialmente en un libro. Y si las únicas palabras que tenemos están cargadas de connotaciones negativas, pueriles o despectivas, y lo que tenemos que comunicar es un mensaje positivo, enriquecedor y laudatorio, parece ser que existe un problema. Hemos intentado solucionarlo añadiendo unas pocas palabras nuevas al lenguaje del amor.

Realmente son palabras viejas, palabras del sánscrito, las mismas que utilizaron Shiva y Shakti en su «hablar de almohadilla». Utilizamos la palabra *lingam* para el órgano sexual masculino; significa «vara de luz» u «órgano de Dios». Utilizamos la palabra *yoni* para los genitales femeninos; se traduce como «espacio sagrado». Puesto que estas palabaras son nuevas para la mayoría de nosotros en occidente, no tienen historia, y no provocan una respuesta automática. No las hemos oído en chistes sucios, por ejemplo, y mamá nunca nos ha dicho, «Niña, ¡no te toques el yoni!» También son palabras más suaves para el oído y para la lengua. Es necesario acostumbrarse un poco a ellas, pero esto no es difícil. En muy poco tiempo, a la mayoría de las parejas que asisten a nuestros seminarios les resulta más cómodo utilizar estas palabras que aquéllas que han utilizado en el pasado. Muchas parejas adoptan estos mismos términos y se los llevan consigo a casa; las palabras se convierten en otra conexión íntima entre ellos, en su propio lenguaje «crepuscular». Esperamos que tú también te familiarices con ellas pues vamos a continuar utilizándolas para describir la naturaleza sexual del Tantra.

LA JOYA EN LA CORONA

El clítoris se asienta como una campana o una joya en la parte superior del yoni. Es el único órgano del cuerpo cuya única función es generar placer. Aunque la punta del clítoris es pequeña en la mayoría de las mujeres, tiene un brazo que podría extenderse hasta una profundidad de dos centímetros y medio en la pared de la corona del yoni. Si el ambiente es el correcto, estimular la punta y el brazo (que se hace palpablemente erecto cuando se excita) con los dedos, la boca o el lingam normalmente puede llevar a la mujer a un orgasmo. Durante la copulación, el hombre, o la propia mujer, puede estimular esta área mientras está dentro de ella. O uno de ellos puede utilizar el lingam como una vara, manipulándolo por encima y alrededor del clítoris, pero sin llegar a penetrar más que unos dos centímetros y medio aproximadamente.

(Estas técnicas se describen con detalle en el décimo capítulo, el dedicado a «Las técnicas exóticas».)

Aprender el tacto correcto es importante. La sobreestimulación puede causar un cortocircuito en la energía creciente en la mujer. El tacto correcto es algo que la mujer puede aprender por su cuenta, para luego pasar la información a su amante, acariciando, presionando o frotando la punta, que es como una joya, y el brazo de su propio clítoris. Recuerda que no es sólo el clítoris, sino los primeros dos centímetros y medio del yoni los que son extremadamente sensibles. Los tántricos conceden mucho amor y atención a estos primeros dos centímetros y medio cuando realizan el ritual llamado «Honrar el Yoni», puesto que respetan el clítoris como el umbral del aposento que es fuente de toda vida.

(Véase el capítulo noveno, el que lleva por nombre «Secretos sexuales», para la descripción de los rituales tántricos para honrar el yoni y el lingam.)

EL PUNTO SAGRADO

Este punto energético de acceso es el otro polo para la satisfacción sexual en la mujer.

Muy profundo y protegido como no lo está el clítoris, hay un lugar que puede producir el placer más intenso, tanto a un nivel físico como psíquico. Pero puesto que es tan profundo y está tan oculto, es a menudo un lugar donde se almacenan todas las cosas que han causado heridas asociadas a la sexualidad. Si ése es el caso, su carga negativa puede ser sorprendente; es importante saberlo cuando se comienza el proceso de excitación. Si la mujer ha tenido experiencias dolorosas con el sexo, físicas o emocionales, su primer contacto con ese punto podría ser desagradable, incluso doloroso, como un moratón cuando se presiona sobre él. Sin embargo, si persevera, si ella y su amante van lentamente y se aman tiernamente, el lugar herido en su interior sanará, y con ello las antiguas heridas; y al sanarse a sí misma de esta forma una mujer puede despertar en ella misma un poder que nunca ha conocido antes. Este poder puede llegar a iluminar la vida en todos los aspectos, y ofrecer el acceso directo a la Ola de Felicidad tántrica, ya que éste es el poder de la diosa Shakti, el poder del Tantra, y puede ser tuyo.

CÓMO ENCONTRAR EL PUNTO SAGRADO

Encontrar el punto sagrado requiere un tacto que a menudo es difícil que la mujer logre sola. Quizá podría encontrar una postura en que pueda casi llegar al punto sagrado por su cuenta, pero será incómoda y probablemente no podrá más que localizarlo, si es que consigue hacerlo. Le resultará muy difícil estimularlo o darle masajes, que es lo que necesita para tener acceso a su poder sanador y a su potencial sexual y espiritual. Unas pocas mujeres que han asistido a nuestros seminarios nos dicen que han podido localizar el lugar ellas mismas poniéndose en cuclillas y presionando hacia arriba, hacia el ombligo, con dos dedos desde el interior, a la vez que presionan con la otra mano al mismo tiempo hacia abajo, justo por encima del hueso púbico. Si una mujer logra estimular o dar masajes al área, el punto se hinchará, pudiendo llegar a hacerse palpable. Pero para la mayoría, esta parte del proceso de despertar requiere el tacto cariñoso del compañero, que debe estar preparado para respetar la naturaleza vulnerable del lugar, tanto física como psicológicamente. Es de suma importancia que la pareja se aproxime a este momento en armonía. A los principiantes, tanto hombres como mujeres, les da un poco de miedo; es una conexión íntima de un nuevo tipo.

(Utiliza los instrumentos que describimos para crear armonía entre tú y tu amante; por ejemplo, la meditación fortalecedora y las técnicas de respiración y para centrar la mente, a fin de que ambos os sintáis físicamente cómodos y, sobre todo, perfectamente sincronizados el uno con el otro.)

Para este momento, en nuestros seminarios dividimos a los hombres y a las mujeres en grupos separados para crear cierto ambiente de seguridad y comodidad, y entonces hablamos del proceso para encontrar el punto sagrado: dónde está localizado, cómo acercarse él, cómo nos podríamos sentir. También utilizamos este momento para hablar de nuestras experiencias personales, compartir nuestras dificultades y aprender el uno del otro. Esta congregación separada por el sexo es un tipo de reunión tribal de iniciados antes del ritual. Hablamos abiertamente. No estamos ahí para impresionarnos el uno al otro. La conversación es cualquier cosa menos lo que se podría oír en un vestuario. Charles lleva a los hombres y les habla de su papel en el descubrimiento del punto sagrado. Les explica que adoptarán el papel del sanador, y que por el momento dicho papel tendrá preminencia sobre su papel de amante. Insiste en el hecho de que las heridas psíquicas a menudo residen dentro de la vagina de la mujer, y que ésta podría responder emocionalmente, incluso violentamente, cuando se despiertan y se recuerdan, lo que bien podría pasar cuando se toca dicho punto. En este caso, como compañero sanador el hombre debe estar ahí para la mujer, al cien por cien. Debe aceptar sus emociones, incluso su ira, comprendiendo que son expresiones de fantasmas, que su pasado está emergiendo, que el almacén de sus prejuicios se está vaciando poco a poco.

Caroline habla con las mujeres sobre algunas de las emociones que podrían sentir cuando se toca el punto sagrado, pero enfatiza que puede ser una profunda experiencia, conmovedora e íntima. Explica que puede ser un avance psicológico extraordinario para algunas mujeres, como también una experiencia de puro placer, un nuevo y maravilloso tipo de éxtasis orgásmico.

Antes de empezar, la mujer debe vaciar su vejiga. El punto sagrado está cerca de la vejiga, y su estimulación podría hacer sentir al principio necesidad de orinar. Puede tumbarse de espaldas, con sus piernas elevadas para que la parte de atrás de uno o de ambos muslos descanse contra el pecho de su amante, o con sus pies sobre el colchón mientras que su compañero se arrodilla a su lado. Puede colocar una almohada debajo de sus nalgas para lograr mayor apoyo y comodidad. La vagina debe estar bien lubricada.

La primera vez que experimentéis con esto, el hombre debería comenzar utilizando sólo un dedo, específicamente el dedo anular, que se dice que tiene una afinidad armónica con el segundo chakra, y es más pequeño que el dedo índice o el corazón. Mete el dedo lentamente, y luego dóblalo para que la yema toque el techo del yoni. Así doblado, llévalo lentamente por el techo hacia el principio del yoni, como si estuvieras volviendo al clítoris. Durante este movimiento, normalmente a medio camino de la parte trasera del hueso púbico y el clítoris, en la zona de la pared delantera hacia la abertura, ambos amantes distinguirán el lugar.

El corazón del lugar sagrado no está realmente sobre la pared, pero se puede sentir a través de ella. Su textura es distinta a la del tejido sedoso que lo rodea; es más fuerte y con una superficie desigual, como la aréola del pezón cuando se excita, o como el paladar. El tamaño del punto sagrado varía: puede ser como un guisante o tener el tamaño de una moneda de cincuenta pesetas, y se hincha cuando se estimula, elevándose ligeramente en el medio.

El dedo anular o corazón del amante ofrece el acceso más fácil o más cómodo al punto sagrado, con los otros dedos apoyados ligeramente contra los labios menores y la parte inferior de la palma en posición para ejercer una ligera presión contra el clítoris, estimulándolo un poco. Si el amante está utilizando su dedo índice (o su dedo corazón) para tocar el punto sagrado, puede apoyar el pulgar contra el clítoris de su amada.

DESPERTAR EL PUNTO SAGRADO

Como ya hemos dicho, las primeras veces que se toca el punto sagrado pueden despertar cierto miedo en algunas mujeres; algunas podrían incluso experimentar dolor. Muchas también sienten como si tuvieran que orinar, aunque acaben de vaciar la vejiga. Esta sensación sólo dura de unos diez a cuarenta segundos, más o menos, para luego cambiar normalmente a un intenso placer sexual. Pero esto quizá no ocurra en seguida; pueden pasar semanas o incluso meses antes de que se experimente este gran placer. Tal vez la mujer sentirá una sensación agradable las primeras veces que se toca el punto sagrado, sensación que luego desaparecerá de repente; el punto puede llegar a ser demasiado sensible, y por tanto cualquier presión es excesiva. El hombre debe mantener un contacto estrecho con su amada a un nivel emocional consciente, para así poder responder inmediatamente a sus sentimientos. Debe aligerar el tacto o salir, si es necesario, hasta que ella pueda tolerar más. Cuantas más veces se dedique la pareja a este contacto tan íntimo, la tolerancia de la mujer se ampliará, al igual que sus posibilidades de placer. El punto sagrado normalmente puede aguantar una estimulación más intensa, durante períodos más largos, que el clítoris. Sin embargo, el hombre debe ser extremadamente suave al principio. Su meta debe ser cargar el punto sagrado con poder positivo, para sanar cualquier residuo negativo; su única meta debe ser ofrecerle a ella un tacto agradable y sanador. La mujer debe intentar no pensar; debe concentrarse en sentir, con su mente receptiva y tranquila. Para ella esto es una búsqueda sensorial en vez de una de tipo cerebral.

Una vez que el hombre haya encontrado el lugar debería parar, dejando los dedos quietos dentro del yoni, mientras que la otra mano ejerce una ligera presión sobre el clítoris, o se apoya entre los pechos de la mujer, encima del chakra del corazón, o presiona justo por encima del hueso púbico, lo que podría constituir una presión agradable sobre el punto sagrado desde arriba. En este momento de tranquilidad, los amantes deben mirarse a los ojos y respirar juntos.

Depués de unos segundos el hombre debe acariciar suavemente el punto sagrado durante unos dos minutos; luego debe parar otra vez. Puede estimular más el clítoris en este momento, pero debe recordar que la estimulación de ambos polos de poder a la vez es casi siempre excesiva para los principiantes. Alternar el uno con el otro, equilibrar los momentos de quietud y los de movimiento, y centrar la atención en el placer de la compañera producirá una sensación profunda. Este ciclo deberá repetirse varias veces; el número de veces puede reducirse gradualmente con el tiempo.

Los mudras exóticos descritos en el décimo capítulo también pueden utilizarse para obtener grandes ventajas durante el masaje del punto sagrado. La combinación de estos elementos —concentración, centrar la atención en el placer de la compañera, y el equilibrio entre estar quieto y en movimiento— es una forma de practicar el amor como una meditación.

También se puede acceder al punto sagrado a través del ano; si la zona está muy lubricada, a algunas mujeres esto les resulta de lo más agradable. El amante debe asegurarse de utilizar dedos distintos para hacer el amor de esta forma, puesto que es importante no introducir bacterias del ano en el yoni.

Para la mujer, reavivar el punto sagrado es un ejercicio de expansión de sus sentimientos. Podrá saber hasta qué punto está preparada para experimentar o aceptar sentimientos, y podrá ver cómo éstos aumen-

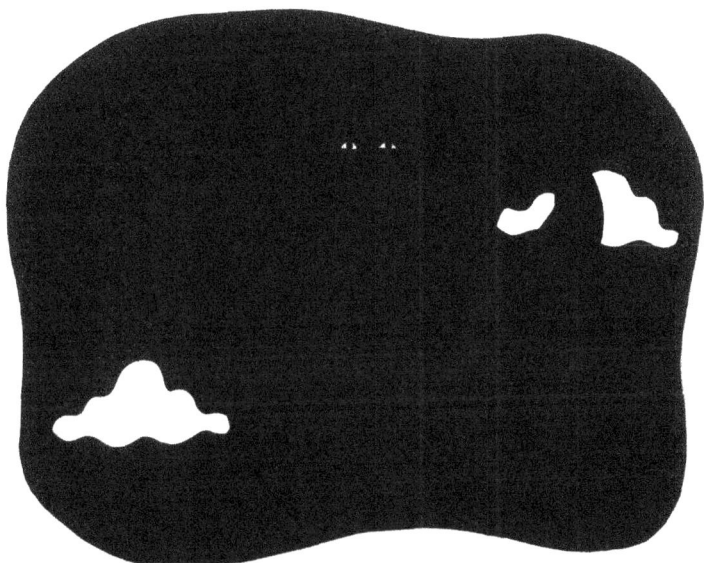

tan cuantitativamente al continuar ella y su compañero la técnica durante un largo período. El hombre debe tener cuidado de no lanzarse. Al ver que su compañera empieza a responder con placer a su excitación, podría ir demasiado lejos, convertirse en demasiado yang (demasiado activo, rápido o duro), y podría causar inadvertidamente un cortocircuito en su energía creciente. Durante este período de despertar, tratad el juego amoroso como una meditación íntima en vez de como una oportunidad orgásmica. Cuando el punto sagrado se haya avivado completamente, su suavidad se convertirá en pasión, y entonces su potencial de placer será fácilmente accesible y fácilmente satisfecho.

NÉCTAR DE LA DIOSA

Cuando el punto sagrado está completamente despierto, cuando está libre de influencias negativas, la diosa y sus hermanas mortales son capaces de experimentar una elevación extraordinaria del potencial orgásmico, disfrutando de orgasmos múltiples así como también de orgasmos extendidos. Las mujeres con este tipo de facilidad sexual también podrían secretar un líquido claro, que los sexólogos modernos asemejan a la eyaculación del hombre, y que el Tantra llama *amrita*, o néctar divino. La mujer podría experimentar un tipo de explosión alegre de energía cuando esto ocurre, pero esta experiencia es bastante distinta de la eyaculación del hombre. El néctar es producido una vez que se ha activado el punto sagrado, pero no es necesario estimularlo para que ocurra. De hecho, la secreción podría ocurrirle a una mujer poderosamente orgásmica sin que haya experimentado un orgasmo, e incluso podría ocurrir en situaciones que no sean meramente de tipo sexual.

En nuestros seminarios hemos conocido a mujeres que producen amrita durante episodios de risa profunda. El ejercicio aeróbico también puede producir el tipo de energía que estimule su secreción. La experiencia es similar a rendirse físicamente. Decimos que una mujer pierde el control —de la risa, de la energía, del amor, de la alegría— cuando do secreta la amrita, pero realmente ella se está haciendo uno con la risa, se está convirtiendo en energía, en amor, en gozo. Y al hacerlo está obteniendo la esencia de este sentimiento de éxtasis, ni mucho menos pierde nada.

Biológicamente, parece ser que el líquido viene de las glándulas de Bartholin, que se encuentran a ambos lados de la parte inferior de la vagina. Es un líquido muy claro, ligeramente lácteo, de naturaleza casi astringente y que se evapora rápidamente. Puede tener un ligero sabor, de casi dulce a ligeramente agrio, o no tenerlo. Puesto que se secreta de la uretra, las primeras gotas podrían tener un sabor ligeramente salado de orina.

Según los textos tántricos la amrita es altamente nutritiva, tanto física como psíquicamente; probarla confiere gran cantidad de energía en los amantes.

Lo más sorprendente de la amrita es su cantidad; sus secreciones son muy abundantes, y pueden ser múltiples en el transcurso de una meditación amorosa. El Tantra describe el poder femenino o shakti como ilimitable; esta demostración líquida de ello parece afirmarlo. La liberación del néctar a menudo produce un efecto espectacular. Si la mujer libera su líquido cuando su amante está fuera de ella, la amrita podría salir fuertemente, como una llovizna fina, o explotar y elevarse en el aire como una fuente —hasta casi dos metros—. Si su amante está dentro de ella, el néctar empapará su lingam en un increíble baño energético.

Toda mujer tiene la posibilidad de experimentar la efusión de su amrita, pero no se consigue intentando su práctica hasta alcanzar habilidad en ello. Además de aprender a rendirse uno mismo a una felicidad profunda que podría no ser sexual, la única manera de activar dicha experiencia es un masaje amoroso regular del punto sagrado. Incluso las mujeres que liberan amrita ocasionalmente no pueden controlarla conscientemente. Cuando pasa es un regalo, inspirado y divino.

SIETE

CONSERVAR EL ELEMENTO YANG

❀

Por mi firmeza interior he hecho que mi semilla permanezca
estacionada en medio del lingam. Por tanto es siempre fértil, está
siempre lista. Éste es el poder de la autotrascendencia.

SKANDA PURANDA, citado en
Sexual Secrets: The Alchemy of Ecstasy

E n nuestra cultura occidental la educación sexual rara vez consiste
en algo más que una información general de cómo se engendran
los bebés y una instrucción muy básica sobre cómo protegerse contra
las enfermedades de transmisión sexual y los embarazos no deseados.
Buena parte del resto de nuestros conocimientos sobre el sexo proce-
de de las películas, las revistas, los amigos, y los padres; dadas las fuentes,
gran parte de estos conocimientos son sospechosos. Con el tiempo,
tenemos experiencia real, normalmente con un compañero también
carente de una buen educación al respecto. Quizá sea experiencia, si
atendemos al número de encuentros sexuales, pero probablemente se-
remos inexpertos y no estaremos formados en la intimidad, técnica y
potencial sexuales.

Una de los mayores ámbitos de desinformación concierne al propósito del sexo, a su meta. La mayoría de los occidentales, especialmente
los hombres, creen que el propósito del sexo es la eyaculación. Muchas mujeres lo creen así también; quizá ellas no tengan un orgasmo,
pero creen que sus hombres deben tenerlo. Además, la eyaculación del
hombre señala que está acabando, y demasiado a menudo la mujer prefiere que esto ocurra lo antes posible.

Para los tántricos, sin embargo, el propósito del sexo es la creación
consciente de armonía y bienestar físico, la concentración de energía
sexual y la trascendencia a niveles espirituales de la consciencia. Esto
no quiere decir que se priven del éxtasis; al contrario. El éxtasis sexual

contribuye a la conservación y perpetuación del amor y de la relación tántrica, y la energía sexual es una de las formas en que los tántricos logran el crecimiento espiritual.

Los amantes tántricos experimentan un amor más excitante, más orgásmico y más sexual que otros amantes. Existen un par de razones por las que esto es así. Una es que parte de su ritual para hacer el amor, la creación consciente de armonía a través de la meditación y la comunicación a niveles muy profundos, crea un ambiente en el que el amor y el sexo abundan. Otra razón por la que los tántricos tienen una resistencia sexual extraordinaria, en cuanto a la frecuencia y la profundidad y duración del disfrute, es la práctica del control de la eyaculación del hombre.

Las técnicas para controlar la eyaculación se describen detalladamente en los textos tántricos, pero este concepto es prácticamente ajeno a nuestra cultura. Desde el momento en que un niño entra en la pubertad, cuando su segundo chakra empieza a liberar su poderosa corriente de energía sexual, está más bien controlado por el sexo y no al revés. Y al principio no parece que haya razón para preocuparse. Un adolescente puede masturbarse como loco y no experimentar ningún problema, por lo menos ningún problema físico. No le crece pelo en las palmas de las manos, y no se le agota la energía, lo puede hacer otra vez inmediatamente. Por supuesto, si se le ha enseñado que la masturbación es un pecado, como se les enseña a algunos niños todavía, podría sufrir psicológicamente por el placer obtenido con ella, recibiendo quizá su primer bloqueo energético, de carga negativa, a su expresión sexual.

Sin embargo, al hacerse mayor, parece disminuir su energía sexual. Un hombre de veinticinco años no está ni mucho menos tan obsesionado sexualmente como cuando tiene quince años. Hacia los cuarenta años, empieza a experimentar lo que podría pensar que son las señales normales del envejecimiento: tarda más en conseguir una erección, un orgasmo, la fuerza y el volumen de la eyaculación son menores de lo que eran antes, y aumenta el período de refracción antes de que pueda eyacular otra vez. Algunos hombres de mediana edad requieren de doce a veinticuatro horas antes de poder conseguir otra vez una erección después de eyacular.

El punto de vista tántrico de estos síntomas es que no son señales normales de envejecimiento sino más bien señales de que el segundo chakra se está vaciando; el resultado, creen los tántricos, de la expulsión demasiado frecuente de la esencia de la vida contenida en el semen del hombre. Controlar conscientemente la eyaculación de esa esencia es la solución a tales problemas.

A modo de ejemplo, consideremos esta analogía: un chico hereda una gran suma de dinero cuando tiene doce o trece años. Es una suma bastante considerable —al chico le parece una auténtica fortuna— así que no le cuesta gastarse algo del dinero, puede que bastante, e incluso de una manera frívola. Nadie le aconseja que guarde o invierta parte de la pequeña herencia, y si alguien lo hace, el chico no aprecia demasiado el consejo. Si continúa malgastando el dinero como lo hace, es probable que con el tiempo, cuando sea viejo o incluso cuando llegue a la mediana edad, se encuentre con que ya no le queda absolutamente nada.

Los amantes tántricos deciden conscientemente nutrir y por tanto aumentar sus fondos sexuales. Invierten en un fondo mutuo; acumulan y redepositan sus intereses para asegurar que crezcan. Y esto les rinde una riqueza que es realmente de un valor incalculable: aumento de energía sexual que perdura incluso cuando ya está muy adentrada la vejez.

Puesto que es una idea tan extraña, este aspecto de la relación sexual tántrica es acogido con mucho escepticismo en occidente. Pese a que a veces se aceptan fácilmente ideas extraordinarias —ciencias y teorías místicas, como la astrología o el poder de las bolas de cristal, por ejemplo—, existe una resistencia increíble a la posibilidad del sexo sin eyaculación. La única forma de convencer a la gente del valor del control de la eyaculación es conseguir que lo intenten en serio, y de esta forma recojan información, que será de primera mano, sobre sus beneficios.

Pero antes de entrar en los beneficios, debemos decir que cuando aconsejamos el control de la eyaculación no sugerimos que el hombre no deba nunca experimentar orgasmos. El sexo tántrico distingue entre la experiencia del orgasmo y la eyaculación, lo cual es una idea bastante revolucionaria para los occidentales, que normalmente piensan en ambos como una misma cosa. El Tantra define *orgasmo* como la experiencia interior del clímax sexual explosivo, y *eyaculación* como la expresión externa de ello —la pérdida de la energía orgásmica, en cierto sentido, su liberación hacia el exterior—. Con mucha práctica, el control de la eyaculación permite al hombre separar el orgasmo de la eyaculación, le permite mantener su orgasmo en el interior. Puede aprender a dirigirlo y extenderlo y lograr que dure muchos minutos, y al hacer esto, puede disfrutar y asimilar una energía en un grado mucho mayor del que experimentaría con un orgasmo que inmediatamente se libera. Verás la diferencia en sólo unas pocas sesiones amorosas, utilizando la técnica que describimos.

Cuando animamos al control de la eyaculación no queremos decir que el hombre no deberá nunca eyacular. De lo que hablamos es de control, de establecer una elección sobre si eyacular o no. En otras palabras, una vez que el hombre controle su eyaculación ya no será dirigido por su lingam sino que él llevará las riendas. Al darse cuenta de ello el hombre adquiere poder, un poder que influye en todas las demás áreas de su vida.

❀

Ahora pedimos que nuestros lectores masculinos piensen un poco en cómo se sienten después de un orgasmo. Estás más relajado que en cualquier otro momento de tu vida, ¿verdad? Estás tan relajado, de hecho, que el siguiente paso es la inconsciencia. Frecuentemente ése es el estado en que queda el hombre minutos después de la eyaculación. Ésta no es la experiencia que tiene la mujer después del orgasmo —ni siquiera si ha secretado amrita, caso parecido a la eyaculación del hombre—. Las mujeres reciben energía con el amor orgásmico; los hombres se quedan temporalmente rendidos. Esto tiene que ver con el tipo de energía que cada uno libera en el orgasmo.

Para la mujer, el shakti está hecho de yin, o energía con carga negativa —negativa en los polos o en sentido magnético—. La energía sexual del hombre es lo opuesto, es yang o energía con carga positiva en el sentido magnético. Cuando una mujer descarga su campo de energía negativa en el amor, con esa liberación se ilumina y eleva. Porque así cambia su equilibrio de energía liberando una cantidad de yin, es más yang, especialmente si ha recibido algo de la energía yang de su amante. Sin embargo, cuando el hombre libera su energía yang (positiva) se queda vacío, con un déficir energético, que le hace quedarse dormido fácilmente.

❀

Hay formas de recuperar una buena parte de la energía que la eyaculación se lleva del hombre junto con el esperma, y hablaremos de alguna de ellas en el octavo capítulo; pero ahora centrémonos en cómo mantener y producir energía yang conscientemente, controlándola. El control de la eyaculación es una de las máximas expresiones del amor consciente.

BENEFICIOS DEL CONTROL DE LA EYACULACIÓN

Cuando un hombre aprende las técnicas para contener su eyaculación, es capaz de hacer el amor durante largos períodos —de hecho, durante todo el tiempo que desee—. Los beneficios que resultan de ello son abundantes. Períodos más largos para hacer el amor implican un juego sexual más íntimo, más tiempo de comunión a través de la copulación, mayor duración de esos sentimientos eléctricos de excitación, deseo, hipersensibilidad y placer. Este poder es especialmente significativo para los tántricos, porque la experiencia sexual es también una experiencia espiritual.

Cuanto más tiempo dedica el hombre a hacer el amor, más aumenta su energía sexual y más agudo se hace el elemento yang. El resultado es orgasmos mucho más poderosos que si se hubiera excitado y hubiera hecho el amor durante diez minutos. Y si elige eyacular, después de haberlo evitado durante un tiempo largo mientras hacía el amor, la liberación es mucho más explosiva.

Quizá incluso más importante que su propio potencial orgásmico en un juego sexual más largo es el potencial que ofrece a la mujer, cuya energía normalmente se estimula más lentamente. El hombre que no tiene prisa en el amor y que no tiene ninguna intención personal de eyacular o una meta que espera en las sombras de su consciencia du-

89

rante el acto amoroso, ama y experimenta dicho acto de forma realmente muy diferente.

El control de la eyaculación es un paso muy importante en el camino de convertir el sexo en un auténtico arte, un modo de ensalzar la experiencia sexual y convertirla en algo muy distinto. Tanto los hombres como las mujeres se verán el uno al otro de forma diferente porque estarán experimentando su relación sexual con una consciencia distinta. Cuando un hombre no eyacula a propósito, por ejemplo, la mujer comprende que le está diciendo a ella: «Estamos haciendo el amor para ti. Mi satisfacción va a ser ayudarte a conseguir tu éxtasis, no quiero nada para mí mismo porque tu placer me tocará el corazón, la mente y el alma, y eso es más importante para mí que la eyaculación». El hombre ofrece su amor a su amada como un regalo, y esto parece fortalecer la relación y el poder del amor. Para muchas mujeres esta experiencia puede ser el principio del tipo de sanación psicológica profunda de la que hemos hablado antes; es la antítesis de la idea de que el hombre tome su placer de la mujer, utilizándola y sin darle nada a cambio. La mujer que ha sido herida, usada y explotada por los hombres se sentirá tranquila con el hombre que le da y no pide nada a cambio.

Además, el hombre que practica este tipo de control sexual a menudo parece dar a la mujer libertad para que pueda por fin perder el control de sí misma. Su potencial orgásmico aumenta con esta disciplina y es una cosa maravillosa para el hombre sentir que puede influir en la profundidad del orgasmo de la mujer; hace maravillas en su autoestima. Así se crea una sexualidad más cariñosa y menos necesitada, y psicológicamente ambos amantes reciben un empuje realmente magnífico.

Otro beneficio del control de la eyaculación es que el hombre no se siente físicamente consumido por ésta, así que no se cerrará física, emocional y mentalmente después del sexo. Esto obviamente puede ser de gran importancia para la mujer que a menudo se siente frustrada por la retirada repentina (literal o figurada) de su compañero, especialmente si ella no ha experimentado un orgasmo. Incluso cuando ambos han experimentado orgasmos, el que él se apague puede causarle desilusión a la mujer, porque su orgasmo la ha dejado llena de energía; quiere hablar, abrazarse a su compañero y disfrutar de la intimidad, y él no está disponible emocionalmente. De hecho, probablemente ya está dormido. El hombre que controla su eyaculación no acaba roncando. El período de refracción es muy pequeño entre erecciones para el hombre que aprende a controlar su eyaculación. Puesto que no ha gastado su energía sexual, podrá hacer el amor otra vez si él o su amada lo desean. Y su energía yang no gastada «gana intereses» con la esencia yin de ella, y por tanto aumenta. Los tántrico tienen más energía, más vitalidad para todas las áreas de la vida cuando practican esta técnica de control.

Hemos notado otro beneficio en los hombres que actúan sobre su eyaculación: parecen más jóvenes. Si el hombre no eyacula no tiene ojeras a la mañana siguiente, su piel parece más suave, y tiene un brillo que le falta cuando ha malgastado su energía yang. Este beneficio podría no ser tan obvio en los hombres más jóvenes, pero en los hombres de mediana edad es bastante evidente.

En todo esto, es importante recordar que todo hombre funciona con distintos niveles de energía; cada uno tiene que descubrir su propia fórmula de la frecuencia con que desea eyacular. Algunos hombres pueden eyacular tres, cuatro o más veces a la semana sin que tenga para ellos un efecto negativo; otros podrían sentirse un poco idos si eyaculan con esa frecuencia. Hay simplemente dos reglas: la primera es no forzar nunca una eyaculación; la segunda, no parar nunca una eyaculación una vez que haya empezado.

La mayoría de los hombres han intentado forzar su eyaculación alguna vez. A veces ocurre con el sexo que dura mucho tiempo, a veces incluso con la masturbación, cuando por alguna razón el hombre no puede eyacular, aunque lo desee muchísimo. En vez de aceptar esto intenta forzarla frotando, tirando y manipulándose a sí mismo hasta que consigue eyacular. Esto va en detrimento del bienestar físico, disminuye seriamente la resistencia a la enfermedad y reduce la vitalidad en general.

Puede haber muchas razones para que el hombre experimente este tipo de sexo poco dispuesto. Los teóricos orientales reconocen un período cíclico en los hombres durante el cual la energía del chakra del sexo se hace retrógrada en cierto sentido y necesita ser recargada. Cuan-

do el segundo chakra del hombre está afectado de esta forma o está bajo estrés debido a las circunstancias externas, podría experimentar lo que parece una disfunción sexual o una disminución de la libido. El centro sensible sexual puede ser afectado por la tensión emocional o psicológica, por el agotamiento físico o la enfermedad, por medicamentos o fármacos, y por la influencia de los centros de energía a ambos lados de él —el chakra base, cuya energía responde a las cuestiones materiales, y el chakra del ombligo, sintonizado con las cuestiones de poder—.

Sea cual sea la causa, cuando el impulso sexual del hombre parece estar en la primera velocidad no debe ponerlo a la fuerza en tercera. Debe dar un descanso al segundo chakra; relajarse y reposar un poco para rellenarse a sí mismo de una forma natural. Aún puede deleitar a su compañera, crear intimidad y conectarse con el corazón.

Las mujeres también deben ser sensibles a esta regla y no animar una eyaculación que no parece querer venir. Algunas mujeres tienen la idea equivocada de que están haciéndole un favor a su amante al intentar ayudarle a eyacular cuando tiene dificultades para hacerlo.

También es importante no interrumpir una eyaculación que ya haya empezado, porque esto puede causar una infección en la vejiga, dañar la próstata, o ambas cosas.

Existen cuatro niveles de control de la eyaculación. Una vez que el hombre reconoce los beneficios que acabamos de mencionar, y desea controlar su eyaculación, ha logrado el primer nivel. El segundo nivel consiste en aprender y practicar técnicas específicas para lograr el control. El tercer nivel se consigue cuando el hombre domina su energía sexual, cuando es capaz de ejercer una elección consciente en cuanto a su eyaculación. Cuando el hombre llega al cuarto nivel es ya experto en la manipulación de esta energía —ha dominado las técnicas para generar, transmitir y absorber la energía chakra con el lingam—. Detengámonos ahora en el nivel dos y en las técnicas específicas que pueden practicarse para controlar la eyaculación.

TÉCNICAS PARA LOGRAR EL CONTROL DE LA EYACULACIÓN

Un hombre tiene que llegar a ser sensible a su pauta de respuesta sexual normal, que generalmente se expresa en tres o cuatro fases. La primera fase es la de excitación, antes de que empiece a anticipar el orgasmo. La segunda fase se da cuando es consciente de que se está acercando al orgasmo. Este período crece rápidamente una vez que se siente, principalmente porque el hombre normalmente se acelera en este momento. La tercera fase es el orgasmo y la eyaculación; entre los tántricos avanzados la tercera fase es el orgasmo, y la cuarta la eyaculación. Las técnicas de control se aplican durante la primera o la segunda fase; los principiantes deberían empezar durante la primera fase. El objetivo de las técnicas que vamos a describir es prolongar la segunda fase y así ampliar el tiempo para hacer el amor.

Durante las fases uno y dos, el período de excitación, todos los chakras se ven afectados, encendidos, y empiezan a emitir una energía inexorablemente atraída hacia abajo, al segundo chakra, que tiene un alto voltaje. Con la suficiente concentración de energía en ese centro la descarga es inevitable, así que la fórmula tántrica consiste en cambiar la dirección de la corriente, consciente y físicamente, mandando la energía, ahora sexualmente cargada, de vuelta hacia arriba, a los distintos chakras. Hay tres prácticas internas y tres externas para ayudar a alejar la energía del segundo chakra. Primero veamos las prácticas internas.

Prácticas internas

1. Manipulación del músculo PC

Si pudieras mirar hacia arriba desde la base pélvica, verías un músculo que actúa como una cuna para los órganos sexuales, la uretra y el recto. Se llama el músculo pubococcígeo, o músculo PC, y debido a su significativo papel en el placer sexual a menudo se conoce como el «músculo del amor». Este músculo es como una hamaca que se extiende desde la espalda y base de la columna, donde está conectado con el cóccix, hasta la parte delantera del cuerpo, donde se conecta al hueso púbico. Es el músculo principal de contracción en el orgasmo femenino; cuanto más fuerte sea más potentes serán lo orgasmos de la mujer y mayor la probablidad de tener orgasmos múltiples y extendidos. El músculo PC tiene también gran importancia en los orgasmos masculinos. En el hombre, un músculo PC fuerte permite una erección fuerte y firme, aumenta la intensidad y duración del orgasmo y le ayuda a separarlo de la eyaculación.

Tanto los hombres como las mujeres pueden sentir la localización y el potencial del músculo del amor de esta forma: la siguiente vez que estés orinando, intenta parar el fluir de la orina. Si el músculo PC es débil, una tropa de músculos circundantes se contraerán con él, pero, de hecho, es el músculo PC el que se aprieta alrededor de la uretra y corta el fluir de la orina. Para fortalecerlo habitúate a hacer este ejercicio de parar la orina cada vez que orines, repitiéndolo dos veces. Cuando cobre fuerza podrás distinguirlo de los otros músculos que le rodean. (Se habla más del músculo del amor, así como también de otros ejercicios para fortalecerlo, en el noveno capítulo.)

Una vez que el hombre haya desarrollado un músculo PC fuerte, habrá dado un paso gigantesco hacia el control de la eyaculación, puesto que tan pronto como empiece a experimentar la llegada de la sensación orgásmica, puede apretar y mantener contraído este músculo, lo que hará dar marchar atrás al fluir de la energía sexual que iba al segundo chakra. Inténtalo la próxima vez que tú y tu compañera hagáis el amor. Cuando el hombre empieza a sentir la llegada del orgasmo, ambos deben parar todo movimiento y el hombre debe centrarse en su músculo PC, apretándolo y manteniéndose así. Debe quedarse quieto y respirar lenta y profundamente hasta que haya pasado la sensación de urgencia.

2. Control de la Respiración

El control de la respiración es el segundo método interno para dar marcha atrás al fluir de la energía sexual. Algunos yoguis con mucha práctica pueden evitar la eyaculación simplemente por medio del control de la respiración. La respiración aumenta al hacerse inminente un orgasmo, así que desacelerar y profundizar conscientemente la respiración puede tener un impacto importante. Cuando el hombre está apretando su músculo PC, ambos amantes deben permanecer muy quietos y unirse el uno al otro a través de los corazones y los ojos. La mujer deberá adaptar su respiración a la de su compañero y visualizar con él la corriente de energía que fluye hacia arriba, hacia los chakras superiores.

3. Cambiar la concentración hacia los chakras superiores

Al conectar durante este momento de quietud y silencio, es posible que ambos amantes experimenten un profundo sentimiento de intimidad al comenzar a centrarse en los chakras superiores —el cuarto (corazón) y el sexto (entre las cejas)—, los cuales están, probablemente, apartando la energía del segundo chakra.

Los hombres no deben preocuparse de la disminución de su erección. Es probable que esto ocurra al dar marcha atrás la energía del lingam; normalmente el hombre perderá sólo el veinte por ciento, y cuando vuelva será más fuerte que antes. Los hombres descubrirán que su nivel de pasión aumentará, sus erecciones durarán más tiempo y la calidad de su amor se verá enriquecida.

Prácticas externas

1. Tirar

Para realizar esta técnica, el hombre o la mujer aprieta y tira del escroto hacia abajo, suavemente, manteniéndolo así de diez a treinta segundos. Cuida de no presionar los testículos, hay que hacerlo justo encima de ellos, donde la bolsa se une al lingam. Éste puede ser un movimiento muy discreto que realiza el hombre mismo; o la mujer lo puede hacer también al acariciar la zona perineal y el escroto. Esta técnica asegura que el hombre no eyacule, y a la vez le permite permanecer dentro de la mujer durante más tiempo, incluso con una erección más blanda.

2. Presionar

La presión se aplica a lo que llamamos el punto sagrado masculino, que está centrado en el perineo, en la zona a que nos referimos como los «siete centímetros que le faltan al lingam». Normalmente consideramos que el lingam se extiende desde la punta hasta el lugar en que se une a los testículos, pero de hecho el lingam continúa a través de los testículos, viaja debajo de la piel otros siete centímetros y acaba en el ano. Cuando se hace el amor, estos siete centímetros responden de la misma forma que el resto del lingam; se hinchan y se hacen duros y extremadamente sensibles a la estimulación. Los occidentales a menudo son inconscientes del placer que se puede generar con un poco de atención a esta parte del cuerpo del hombre.

El punto sagrado se identifica por una ligera muesca en el perineo a mitad de camino entre los testículos y el ano, cuando el lingam está erecto. Aplicar cierta presión a este punto cambiará de dirección la energía de la eyaculación en diez o treinta segundos. Cualquiera de los dos deberá utilizar los dedos índice y corazón para aplicar una presión suave pero firme. Esta técnica permite recanalizar la energía del hombre sin necesidad de que deje de moverse o se aparte de su amada. A medida que se adquiere habilidad en esto, especialmente cuando la práctica permite que la presión se extienda energéticamente más allá de la superficie de la piel, la cantidad de presión requerida disminuye.

3. El Apretón

Un apretón alrededor del frenillo prepucial es el tercer método externo. El frenillo, que está situado aproximadamente a dos centímetros y medio de la punta del pene, está compuesto por un tipo de tejido epidérmico similar al tejido del frenillo de la boca. (El frenillo de la boca es un receptor altamente cargado de energía sexual.) El frenillo del lingam es extremadamente sensible y responde en un margen de diez a treinta segundos a un apretón firme. Aunque la erección disminuye temporalmente y se calma el «deseo de orgasmo», ambos vuelven al cabo de unos minutos si se sigue haciendo el amor.

No podemos predecir el tiempo que un hombre puede mantenerse así, llevando la excitación al borde del orgasmo y el orgasmo al borde de la eyaculación, pero podemos predecir con toda confianza que mejorará con la práctica, y que al redirigir su energía sexual de esta forma no sólo alargará la duración del acto amoroso, sino que además su compañera y él compartirán una experiencia más profunda que antes.

OCHO

EL BAILE DEL AMOR

❀

¡Que empiece ya el baile! Que el gozo no tenga límites.

LORD BYRON, *Childe Harold's Pilgrimage*, canto III, stanza 22

Ya hemos visto que hacer el amor en el sentido tántrico, hacer el amor de forma consciente, no viene de forma natural; debe aprenderse, y los amantes deben aprenderlo juntos. Deben ser profesores el uno del otro, y alumnos el uno del otro también. El Tantra es muy explícito en sus instrucciones para realizar esta educación en el arte de hacer el amor, un arte que para componer su baile de amor combina un grado de consciencia mayor con los cinco sentidos físicos (gusto, tacto, olfato, vista y oído), así como con los sentidos psíquicos y espirituales, más etéreos.

Existe una teoría según la cual el buen sexo es el sexo espontáneo. ¿Recuerdas esa conversación que trataba de la espontaneidad y que trajo tantos problemas a Sam y a Linda? Bueno, no son los únicos. Después de su relación amorosa inicial, muchas parejas pasan por un período de aburrimiento. Se trata de un momento crucial para los amantes. Han establecido una rutina: se levantan, salen, vuelven a casa, cenan, ven la tele, se van a la cama y se levantan otra vez. El sexo cabe en algún sitio entre el momento en que se van a la cama y el de levantarse al día siguiente: se convierte en parte de la rutina. Y, francamente, ya no es tan divertido.

Los defensores de la escuela «el sexo espontáneo es el mejor sexo» probablemente no sean parejas, sobre todo parejas que trabajan o parejas con niños. Para las parejas, la espontaneidad normalmente se cambia por la continuidad. Los tántricos, que celebran el hacer el amor como un ritual, que es lo opuesto a la espontaneidad, no son defensores del sexo impulsivo, pero sí son espontáneos en la expresión de su amor. El baile del amor está compuesto por movimientos espontáneos no coreografiados, pese a que muchas parejas, en cierta medida, sí siguen una coreografía al amarse, recordando y repitiendo esas combinaciones de movimientos que ofrecen un placer determinado, muy especial.

Puesto que el punto principal del amor consciente consiste en centrar la mente en el compañero y en alimentar la relación, el acto de amor se realiza con *premeditación*. Los amantes conscientes designan ritualmente un tiempo para el encuentro amoroso; se preparan mentalmente para hacer el amor; preparan un lugar para ello para asegurar la intimidad y la comodidad; se bañan y preparan sus cuerpos para el deleite del otro.

La preparación mental para el amor es un ritual importante para los tántricos. Esto asegura que el intercambio amoroso no se verá afectado por factores externos estresantes; la ansiedad con que uno llega del trabajo a casa, por ejemplo. Los dos amantes dejan a un lado las cuestiones del mundo y se centran en ellos dos. Utilizan el Tantra Blanco, yantras, técnicas de respiración, visualizaciones y la sincronización sutil de la posición fortalecedora para conseguir una actitud de meditación. Todo ello es una preparación muy consciente para amar también de forma consciente.

Si preparar bien la mente es importante, también lo es preparar el lugar conjuntamente. Lo ideal es que sea un sitio íntimo, donde la pareja no pueda ser molestada por el teléfono o por los niños. Muchos tántricos hacen de su dormitorio una especie de templo, embelleciéndolo con arte, cristales, cortinas y edredones, sábanas y almohadas de distintos colores, texturas y diseño. Hacen de él un lugar aromático, con flores frescas o incienso delicado. Con el tiempo se crea un aura de armonía en esta habitación que abarca también a los muebles. Para poder conservar este ambiente, la pareja siempre lleva sus desacuerdos fuera del dormitorio, porque así guarda este lugar solamente para el amor.

Un baño o limpieza ritual, juntos o separados, deberá preceder al acto amoroso. Piensa en ello como algo más que la simple higiene: es una purificación, una forma de lavarse las preocupaciones del día y limpiar el cuerpo energético, así como el cuerpo físico, para una unión espiritual. Centra la mente en el baño como rito, y deja que se este momento se convierta en una parte de la mismísima meditación amorosa.

La aplicación de lociones o aceites después del baño también puede ser parte de la preparación, pero recuerda que los olores del cuerpo, especialmente sus olores sexuales, tienen cualidades afrodisíacas, al igual que el sabor del cuerpo. Puesto que el gusto y el olfato son dos de los aspectos del baile de amor tántrico, no los enmascares. En especial, no uses desodorantes, que no sólo saben mal, sino que también ocultan los eróticos perfumes naturales del cuerpo.

No es necesario decir que debes tener una buena apariencia para tu amante. En este baile asumiréis los papeles de dios y diosa, seres radiantes. Seréis hermosos el uno a los ojos del otro. Pero recuerda que la energía que se utiliza para atraer al amado es en sí un tipo de energía especial que os podéis aportar mutuamente. Así que cuida tu apariencia y lo que llevas: los hombres deberán afeitarse, las uñas deberán estar bien cortadas. Este tipo de atención es otra parte del amar conscientemente.

Aprender el baile del amor te parecerá muy sencillo cuando te digamos que sólo tiene tres pasos, que además son conocidos. Pero luego explicaremos que estos pasos tienen variaciones, y que cada variación tiene dos aspectos, el yin receptivo y el yang activo. La dualidad yin/yang es realmente el fundamento sobre el que se eleva el baile del amor a alturas sorprendentes. Lo verás como el talón y dedo del pie, el estribillo repetido en todos los aspectos del baile. Su combinación adecuada es como una combustión espontánea, un catalizador para el éxtasis y la satisfacción espiritual. Entre los polos yin y yang hay siete grados o niveles de expresión, del más suave al más firme, del más lento al más rápido. Multiplica todo esto por dos, porque hay dos bailarines alternando como el que da y el que recibe en cada turno, y empezarás a apreciar el reto que supone este baile.

PASO UNO: BESOS

Los besos pueden ir desde un beso superficial en la mejilla hasta una experiencia que mueve el alma. Las técnicas tántricas para estos besos más profundos están diseñadas para remover el shakti y al mismo tiempo liberar energía del chakra corona hacia abajo, por el cuerpo. Se recomienda besar especialmente los siete centros de energía, por delante y por detrás, pero también se debería besar las otras partes del cuerpo. Los besos corren por los siete niveles de expresión, de yin a yang, de labios suaves a labios firmes, de presiones ligeras a más fuertes, de lo más superficial a lo más profundo. Los labios deben estar blandos y flexibles, y la mandíbula y los músculos faciales deberán estar relajados, para facilitar el intercambio de energía y aumentar el placer de tipo sexual.

Hay cinco métodos básicos para besar «boca a boca», y también son aplicables cuando se besa otras partes del cuerpo. *Labial* es la técnica de besar que se utiliza para contactar con el tejido interior (yin) blando y húmedo del labio superior e inferior, así como también la textura (yang) más áspera y seca del exterior. *Lingual* utiliza la lengua para lamer los labios del amante, para tocar la mejilla interior o explorar el paladar, o acariciar la lengua del otro. *Mordiscos de amor* se dan en el interior y exterior del labio superior e inferior del otro. Los mordiscos deberán hacerse de yin a yang, pero yang en esta categoría deberá registrarse considerablemente más suave que siete en el sismógrafo tántrico. Los besos de *soplo* y de *succión* son un tipo de inhalación y espiración a los labios del otro, o a áreas de los chakras, o a través de cualquier expansión de la piel.

Los besos son un paso en el baile del amor que pide el intercambio de yin y yang no sólo utilizando los siete niveles de expresión de yin a yang, sino también alternando la recepción con la donación de besos. La mujer debe tomar la boca de su amante utilizando las cinco técnicas: labiar, lingual, morder, chupar y soplar, y luego debe dar su boca a su amante para su placer —y el de ella—. El hombre debe tomar los labios de la mujer de la misma forma, y luego dar su boca a ella para más deleite.

Recuerda que en el amor consciente ambos continuamente cambian de papeles, pasando de amantes activos a receptores, y aunque no existe ningún diseño para el intercambio, ningún interludio musical, ningún tiempo fijado, será bueno que se compartieran o alternaran estos papeles de igual forma.

PASO DOS:
TOCAR CONSCIENTEMENTE

Muchas culturas reconocen el potencial de lo que a veces se llama la «imposición de manos». En el Tantra, el tacto es uno de los medios primarios para despertar y dirigir la energía, y se utiliza en todas sus variedades a un nivel consciente de consciencia elevada que contiene varios aspectos, siendo uno de ellos la sensibilidad ante el hecho de tocar al ser querido.

Otro aspecto de la consciencia elevada es el darse cuenta conscientemente de que las manos no acaban en la punta de los dedos, y que su influencia no termina en la superficie de la piel. Nuestros cuerpos son como contenedores de gran cantidad de energía, entendida esta en el sentido de «fuerza vital» o corriente animada. Mientras estamos vivos emanamos esa energía, que se manifiesta en un campo energético o aura que rodea y penetra al cuerpo. Los tántricos saben que el fluir de esta energía puede ser estimulado y dirigido conscientemente. Cuando se manda que salga de los dedos o de la palma de la mano, la energía es de gama baja y penetrable, como una vela encendida cuyo calor excede la frontera de la cera y la mecha. Si puedes imaginar, sentir o visualizar el brillo energético que viene de las manos y los dedos cuando tocas a otra persona, conectarás a un nivel energético más profundo.

Como con los besos, la disciplina tántrica reconoce una variedad de formas de tocar. El *Tacto estático* se realiza por «energía corriente». Pon ambas manos sobre tu amante, y no te muevas. Mientras tus manos están quietas, dirige conscientemente la energía de tu mano derecha hacia y a través de tu amante, y luego conscientemente acéptala de nuevo en la mano izquierda. Podrías considerar el tacto estático como un juego energético de lanzar y coger. El *Tacto móvil* viaja con fricciones cortas o largas a través de la piel o en patrones específicos (círculos, espirales, triángulos, cruces, etc.). Los *Apretones* incluyen un toque amasador y pinchazos suaves. *Arañar* con las uñas o la punta de los dedos, como los mordiscos de amor en la categoría de los besos, es otra de las formas; normalmente es preferible que sea más yin que yang. En el *Kama Sutra*, uno de los textos tántricos más conocidos, el séptimo nivel de yang en tanto al beso mordedor y al toque arañando hace que fluya la sangre. Sin embargo, no recomendamos que vayas tan lejos; la mayoría de las parejas prefieren parar alrededor del nivel cinco de la «escala».

Los *Golpecitos* o *Manotazos* pueden despertar gran pasión. Obviamente algunas partes del cuerpo son más adecuadas que otras para recibir este tipo de tacto, las nalgas en particular, porque están bien almohadilladas y protegidas. Sé consciente de la línea que separa el placer del dolor, del nivel de tolerancia de tu amante; el Tantra no promueve el masoquismo o sadismo, y, sobre todo, recuerda: ¡esto es un baile, no una pelea!

Tocar podría llamarse «besar con las manos», y son similares las técnicas que se aplican a ambos pasos; toca a tu amante por todas partes, centrándote en la parte delantera y trasera de los siete centros chakra. Como con los besos, utiliza los siete niveles de velocidad y presión, del más yin, o más lento y ligero, al más yang, o más rápido y más fuerte. Alterna las fricciones yin y yang, así como las distintas formas de tocar.

De nuevo, estos distintos tipos de tacto requieren la participación consciente de ambos, como dador y receptor. Esto significa que cada uno reconoce el papel que desempeña en un momento dado y lo experimenta activamente, incluso si es el papel pasivo. Por ejemplo, cuando un hombre acaricia larga y suavemente con la palma de su mano la espalda de su amada hasta las nalgas, y luego aprieta la piel de esta zona y continúa bajando por los muslos, con la punta de los dedos y lo más ligero posible, él es consciente de que está actuando a propósito para excitarla, para darle placer, para despertar su pasión y su electricidad shakti o sexual al tocarla. Pero no importa lo buena o lo cariñosa que sea su técnica, si ella no está conscientemente receptiva; si su mente está a miles de kilómetros de allí, no pasará nada. El receptor debe ser tan consciente del regalo como el que lo da. En último término es la mente la que dirige el tacto, y también la que en realidad lo acepta.

Existe otro aspecto yin/yang del tacto. Al dar placer al compañero mediante el tacto, también recibes placer sensual del contacto. Considéralo como el otro lado del tacto, la piel de tu amante contra tu mano, y deléitate en cómo se siente esto, su textura, su suavidad o dureza, su calor y la energía que emite. Tu mano, activa porque está tocando, es también receptiva porque siente. Nunca «tomes» al tocar; siempre da y recibe. Las mujeres son especialmente sensibles a la diferencia, y son mucho menos receptivas ante alguien que toma que ante alguien que será receptor de sus regalos.

❀

Existen tres áreas de la mano que transmiten distintas cualidades de energía y sensación física al receptor; para cualquiera de las formas de tocar altérnalas al acariciar al amante: sólo la punta de los dedos, la base de los dedos y la palma, y el talón de la mano.

❀

PASO TRES:
1001 MOVIMIENTOS

Si tocar es la forma en que la mano expresa el amor, y besar es la forma en que lo expresa la boca, el movimiento pélvico es la forma en que el lingam y el yoni se demuestran su amor. Lo llamamos los 1001 movimientos, pero no estás limitado al número 1001; en los textos tántricos, 1001 significa infinito e innumerable. Esta parte del baile no es «sólo para hombres», porque aunque sea su órgano el que baila, es con el yoni con quien lo hace, y en este aspecto del baile del amor, como en todos los demás, ambos compañeros llevan alternativamente la dirección.

Algunas mujeres podrían sentirse incómodas, avergonzadas o muy conscientes de sí mismas al tomar el mando o realizar la función yang de efectuar los distintos movimientos pélvicos, especialmente si aún se están liberando de lo que tradicionalmente se ha venido considerando como el papel de la mujer. Estas mujeres deberán perseverar: la incomodidad se disuelve rápidamente, la vergüenza se convierte en excitación para las mujeres que se permiten sentir placer de esta forma, y ser consciente de sí misma es el primer nivel de una consciencia muy superior.

De la misma forma, algunos hombres podrían no estar muy cómodos en el papel receptivo o yin. Para muchos «tomar el mando» al hacer el amor es la forma de medir su masculinidad, su ego, lo yang que son. Los «super-machos» podrían incluso sentirse amenazados por una mujer que adopta el papel activo al hacer el amor. Es importante que estos hombres se den cuenta de lo que limita ser sólo el que da, porque esto quiere decir que el hombre nunca tendrá oportunidad de recibir el amor de la mujer, incluso si hacen el amor muchas veces. Significa que no conocerá nunca el placer de tumbarse y dejar que le hagan el amor, de ser honrado de esta forma; quiere decir que nunca verá cómo ella encuentra su propio placer, que puede ser una guía maravillosa para el hombre, así como una experiencia altamente erótica para ambos. Cuando una mujer hace el amor al hombre, no sólo lo deleita sino que le demuestra lo que le da mayor placer a ella. Cómo se mueve, qué tipo de conexión busca, su tacto, su velocidad, el ángulo de entrada que utiliza para llevar el lingam de su amado hacia ella son instrucciones no verbales.

Igual que los pasos de besar y de tocar del baile del amor tienen una variedad de expresiones yin y yang, también la tienen los 1001 movimientos. Aunque el lingam es un órgano yang durante la copulación, debe manifestar tanto energía yin como yang, igual que lo hacen los besos y las formas de tocar; puede expresar los distintos niveles de varias formas. El primer nivel que se ha de considerar es la profundidad. La mayor expresión yin de profundidad es la menos profunda: frotar contra los labios de la vagina; un poco más yang, penetrar un poco más profundamente; y la expresión más yang se manifiesta en el contacto más profundo. Recuerda que los primeros dos centímetros y medio son los más sensibles al contacto, y como el yoni es más yin que yang, la mujer podría preferir una expresión más yin que yang del amor del lingam.

La *velocidad* es el segundo aspecto de movimiento durante el tiempo de la copulación, y se debe variar conscientemente de lo más lento a lo más rápido, de la misma forma en que se varía la profundidad. El *no movimientos* es el nivel más yin de la velocidad, pero incluso así puede hacerse poderosamente yang cuando el hombre utiliza su músculo del amor al estar dentro para pulsar, apretar o flexionar en *movi-*

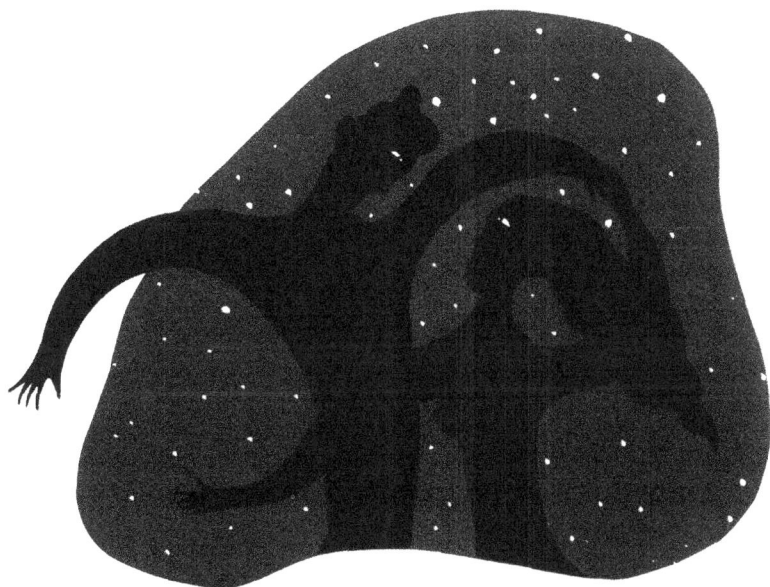

miento interno. Este tipo dinámico de movimiento estático es particularmente eficaz para comunicarse con el punto sagrado de la mujer, especialmente si el hombre pulsa su músculo de amor mientras mantiene su lingam firme y sin moverse contra este punto sensible. La mujer también puede llegar a ser experta en la manipulación del músculo del amor, tanto para su propio placer como también para el deleite de su pareja. Puede hacer que su compañero se vuelva loco con una variedad de *bandhas*, o contracciones internas. Hablaremos de ellas con más detalle en el capítulo siguiente.

El ángulo de entrada es otra consideración que influye en el placer. Permite que el lingam contacte con lugares donde quizá nunca ha estado antes, y que el yoni experimente niveles de sentimientos que quizá nunca había conocido. Imagínate el yoni como una serie de relojes uno encima del otro. Si el pene pasa al entrar por encima del clítoris, desde las doce, y desea hacer contacto con el punto de las seis en su posición más profunda, tomaría determinado ángulo; si entra empujándose al lado del clítoris en el punto de la una en nuestro reloj figurativo, con el deseo de llegar a las siete en el interior, tomaría otro punto. Y no te olvides del *ángulo de salida*, que no tiene que ser el mismo. Practica, experimenta, descubre qué ángulos os gustan más a ti y a tu pareja. Lo importante es saber que existen.

También utilizamos *movimientos no lineales* dirigidos pélvicamente (siendo el movimiento «lineal» el consabido «entrar y salir»). Estos incluyen movimientos circulares (en el sentido de la agujas del reloj y al revés) y movimientos laterales, de un lado a otro. Estas variaciones dan mucho placer a ambos y pueden ser un buen ejercicio para los hombres que están practicando el control de la eyaculación. Es el movimiento de entrar y salir de la masturbación y de la copulación no inspirada el que anima la eyaculación.

Además de estos movimientos pélvicos, hay técnicas especializadas de movimientos ayudados con la mano que puede realizar el lingam para amar al yoni. Estos se describen en el último capítulo.

POSTURAS Y POSICIONES

En las antiguas paredes de los templos hindús y en muchos de los libros tántricos se puede ver posiciones y entrelazados sexuales extraordinarios. Estas posiciones fueron creadas y realizadas por mujeres santas tántricas formadas desde la infancia en el arte de amar. Para los tántricos occidentales sin tal formación, estas posiciones complejas son difíciles y poco cómodas. Es mejor considerarlas emblemas del ritual del éxtasis que intentar copiarlas. En nuestros seminarios buscamos lo sencillo y cómodo utilizando cinco posturas básicas. Cada una de ellas tiene cientos de variaciones, que se pueden combinar con las técnicas de movimiento que acabamos de mencionar, de tal manera que nos proporcione una coreografía que cambie constantemente en el baile del amor.

Las cinco posiciones básicas son: horizontal con el hombre encima; horizontal con la mujer encima; posición de lado, el uno mirando al otro (utilizando cualquier lado); posiciones con el hombre detrás de la mujer, y la posición *Yab Yum* original del amor tántrico.

En la Yab Yum, la columna está alineada con la gravedad, un ingrediente esencial para llevar la energía a los chakras superiores y para estimular las glándulas pineal y pituitaria, que se consideran críticas para que tenga lugar la iluminación. Los compañeros se sientan rectos mirándose el uno al otro, la mujer a horcajadas del hombre, que está con las piernas cruzadas y apoyando el peso de ella sobre sus muslos. Las piernas de la mujer están abiertas rodeando al hombre, las plantas de sus pies tocan detrás de él. Esta posición anima estimulantes y maravillosas formas de movimiento, incluyendo balancearse de un lado a otro, dar botes y hacer movimientos circulares; también es una posición ideal para meditar sobre la energía interna y sobre la vida o experiencia interior. Observa que la ligera elevación de la mujer sentada a horcajadas del hombre alinea los chakras de los compañeros, los unos con los del otro, gracias a la habitual diferencia de altura que existe entre el hombre y la mujer. Si el peso de la mujer hace que las piernas del hombre se vuelvan rígidas, o si existe algún tipo de incomodidad, ella puede colocar una almohada debajo de sus nalgas, lo que quitará un poco de peso a los muslos de él.

La comodidad de ambos es fundamental en estas posturas. Usar numerosas almohadas puede servir de gran ayuda. Cargar con el peso es también una consideración importante y consciente al hacer el amor: no queremos aplastar a nuestro amado cuando estamos encima; queremos evitar músculos cansados y calambres. Nuestro baile de amor, por tanto, debe incorporar ocho «cargadores del peso» con los que poder salir de cualquier posición en la que tengamos que aguantar demasiado peso: nuestras manos, codos y antebrazos, rodillas y pies. Alternar ocho grupos musculares de estos soportes en cualquier combinación elimina tanto la posibilidad de aplastamiento como los calambres al hacer el amor. El cambio de posturas puede hacerse sin que el lingam salga del yoni, si ambos se mueven a la vez y si la mujer presiona o empuja hacia el hombre para mantener un contacto apretado con su lingam al rodar, o mientras uno pasa a estar encima del otro o cambian a otra posición.

SONIDOS DE AMOR

Durante el baile amoroso, la pareja puede añadir a su comunicación de besos, caricias y movimiento, suspiros y gritos, susurros y gemidos, exclamaciones u otras expresiones verbales. Todos ellos son la traducción del quinto chakra (o el chakra de la garganta) de las respuestas físicas del cuerpo, y son música importante para el baile de amor. Puesto que los sonidos de todos los amantes son distintos, la pareja debe escuchar cuidadosamente al otro, atender al tono, al significado del sonido del otro. Antes de lograr armonía verdadera o intimidad sexual, muchas parejas tienen demasiado vergüenza de hablar abiertamente de sus preferencias; esto podría ser más verdad para las mujeres que para los hombres. Cierto tipo de timidez hace que la mujer se sienta incómoda diciendo: «Verás, lo que realmente me gusta es que me estimules los primeros dos centímetros del yoni, especialmente con estos dos dedos en esta posición, y me encanta cuando lo tocas en un movimiento circular, suave y lentamente». Esto quizá se deba en parte a la sexualidad esencialmente introvertida de la mujer, como ya hemos mencionado.

Incluso si la pareja tienen la suficiente confianza para hablar de manera realmente íntima, las palabras pueden ser demasiado clínicas o técnicas. El amor consciente promueve un ambiente de éxtasis; no es un laboratorio científico. A los amantes les resulta más fácil comunicar sus preferencias sexuales respondiendo a lo que les gusta y señalando con sus sonidos la velocidad y grado de fuerza que desean que se aplique. Pueden utilizar esta misma técnica para averiguar lo que agrada a su pareja. Al entablar una comunicación sexual real, su comunicación en otras áreas de la relación se verá fortalecida también, porque todavía serán mucho más conscientes de la expresión del otro en general.

Muchas personas perciben los sonidos sexuales como dolorosos en vez de como expresiones de gozo; y ciertamente podrían existir elementos de dolor en nuestra sexualidad a un nivel psíquico o psicológico que hacen que gritemos como si sufriéramos. La práctica del amor tántrico cambia esta percepción haciendo que reconozcamos la expresión del quinto chakra como el sonido de la energía de éxtasis, y ayudando a superar la programación dolorosa y negativa que han heredado tantos hombres y mujeres occidentales sobre su sexualidad. Esta percepción cambiada es otra demostración de la terapia sanadora que anima el estilo de vida tántrico.

EL CLíMAX DEL BAILE

El clímax psíquico y espiritual del baile es el orgasmo. La mayoría de las mujeres de nuestros grupos están de acuerdo en que el momento del orgasmo es un momento mágico, un momento potencialmente transformador. Cuando explota el shakti de una mujer, puede realmente sentir a la diosa dentro de ella y su amante puede sentir al dios dentro de él, y pueden experimentar la conexión cósmica. Esto es la «expansión» última de sí mismos hacia el más allá.

Al crecer la energía sexual de la mujer hacia el clímax, mientras permite que su shakti fluya a través de ella, está en un estado extraordinariamente abierto. Recuerda que es el aspecto yin de la mujer lo que hace que sea receptiva, orientada hacia lo interior; así que obtener lo opuesto, la gama abierta y expansiva del orgasmo, crea un gran potencial psicológico. La mujer no pierde su naturaleza femenina en esta apertura —sigue siendo tan receptiva como lo es al dar—. En este momento el hombre puede ofrecer a su amada el tipo de fuerza sanadora y la tranquilidad interior que corresponde a una diosa. Sus palabras y expresiones verbales de amor serán sentidas profundamente.

También los hombres pueden ser tocados por palabras y afirmaciones de amor durante el orgasmo. En este tipo de amor transformador, o magia del sexo, como lo llama el Tantra, las visualizaciones, así como las afirmaciones, se utilizan en combinación con la experiencia sexual; una forma más sofisticada y consciente de utilizar la mente que la fantasía.

Este tipo de comunicación es tan eficaz durante el orgasmo porque las palabras llegan directamente al corazón de la persona que está experimentándolo —no son procesadas primeramente por la mente analítica—. Cuando el amante habla a su amada de su belleza en este estado orgásmico de consciencia, por ejemplo, ella no se para a pensar: «¿Qué quiere decir? ¿Es mi pelo? ¿Qué aspecto tengo?» En lugar de eso, en su estado de apertura, simplemente lo acepta y se convierte en parte de ella. Se hace bella. Cuando él le habla de su poder, de lo importante que es ella para él, de su valor, cuando le dice que la ama profundamente, estas cosas también se mueven a través de ella, en ella y se hacen parte de ella y ella parte de ellas; estas palabras le dan poder, y se hacen importantes y valiosas. Las palabras de amor y respeto dichas al ser querido en su momento de éxtasis son uno de los regalos más dulces.

DESPUÉS DEL BAILE
DEL AMOR

Después de que ambos hayan bailado para su completa y mutua satisfacción y disfrute, y especialmente cuando el hombre haya eyaculado durante la copulación, aún existe mucho potencial energético que aprovechar.

Éste es el momento en que el hombre está lo más vacío de su esencia masculina, su energía yang, y por tanto es más receptivo, es cuando más puede absorber energía de fuera de sí mismo. El Tantra requiere que el hombre permanezca dentro de su amada después de su eyaculación, aunque su lingam esté blando. La energía que pueda absorber en este estado (especialmente si el hombre utiliza las técnicas de respiración y las técnicas más avanzadas de *bandha* descritas en el capítulo siguiente, el que hemos llamado «Secretos sexuales», para llevar la energía hacia adentro y hacia arriba) es muchísimo más potente que la que puede llegar a fabricar solo.

La pareja puede intercambiar esta energía altamente cargada agarrándose el uno al otro y respirando juntos. Pueden crear un tipo de elixir energético formado del yin de la mujer y el yang que ha recibido de su amado. Al tomar este elixir hacia su interior, visualizando su absorción, inhalando su esencia, el hombre recibe de nuevo gran parte de lo que utilizó en la eyaculación. Si ha optado por no eyacular, le es devuelta toda su energía yang, cargada ahora con el poder creativo y generativo del shakti (o poder energético) de la mujer; le renovará, despertará y sanará.

El tiempo posterior al orgasmo es de igual importancia para la mujer, no para la restauración de la energía perdida, porque su orgasmo es un regalo de energía para ella, sino por la conexión íntima que le ofrece con su amado. Ésta es la intimidad que desea la mujer con todo su corazón; es un ritual tan importante como el juego amoroso, porque mantiene la pasión sacando la cabeza justo de debajo de la superficie. Une a una pareja tan significativamente como la unión sexual, puesto que la intimidad en el ambiente luminoso que sigue al amor, donde preside la armonía, nutre todos los aspectos de una relación y de nuestra naturaleza humana.

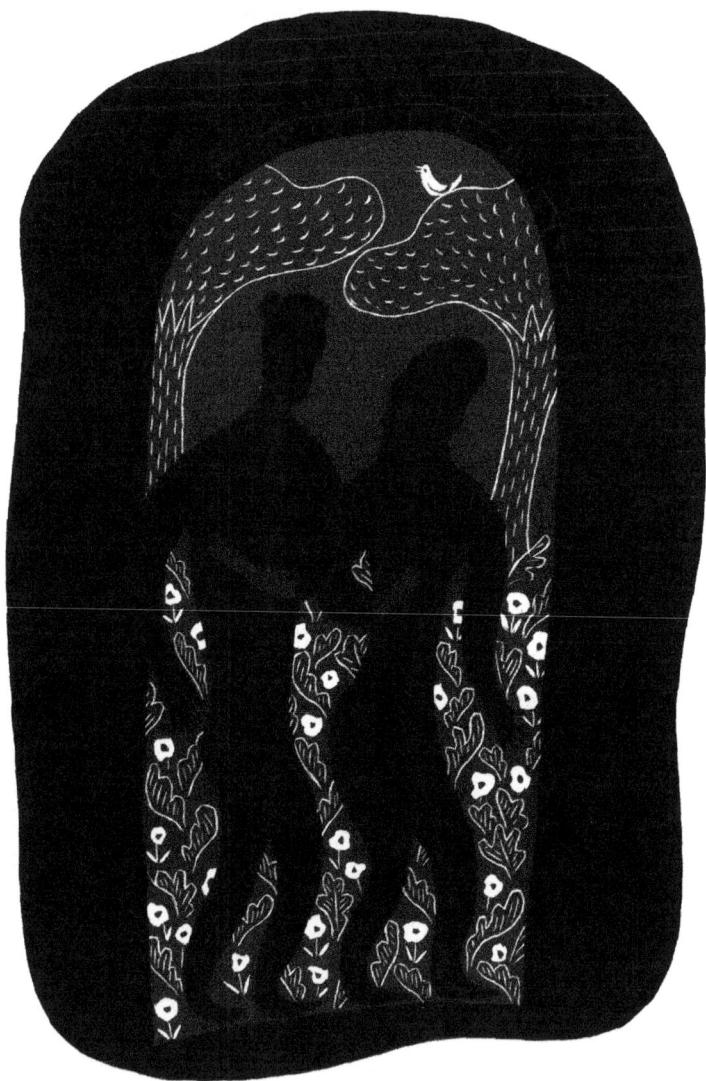

NUEVE
SECRETOS SEXUALES

❀

Todo pensamiento, toda pasión, todo deleite,
Cualquier cosa que mueve la estructura mortal,
No es más que un ministro del Amor,
Y alimenta su llama sagrada.

COLERIDGE, *Love*, Stanza 1

Antes de que Shiva y Shakti pudieran practicar adecuadamente el amor como arte, cada uno compartió con el otro ciertos secretos. Ya hemos hablado de muchos de esos secretos en las páginas anteriores: secretos para crear y mantener la armonía en una relación, por ejemplo, y para sanar las heridas sexuales. En este capítulo revelaremos unos cuantos secretos más de los que Shiva y Shakti compartieron, secretos sexuales que pueden transportar a nuevos ámbitos tu forma de hacer el amor.

SECRETOS DE LAS ARTES ORALES: HONRAR EL LINGAM Y EL YONI

En el quinto capítulo ya hemos hablado sobre algunas de las impresiones negativas que tenían el primer y el segundo chakra en el transcurso de nuestro desarrollo personal, impresiones que afectan la forma en que percibimos nuestro propio sexo y sexualidad y la forma en que nos relacionamos con un compañero íntimo. También señalamos que los primeros tántricos tenían una idea muy distinta de la relación sexual que la que la mayoría de nosotros tenemos hoy. El Tantra ve al lingam y al yoni como regalos de Dios —a veces se refiere al yoni como el campo de placer del cielo o La Puerta al Cielo, y al lingam se le conoce como el Cetro o la Vara de Luz—. Los tántricos experimentan el compartir sexualmente como una de las bendiciones más grandes de Dios, y por tanto realizan ciertos actos de amor como devoción, para honrar al segundo chakra. Las tradiciones orales, realizadas en honor del yoni y del lingam, son una forma de expresar el agradecimiento a Dios, así como al compañero. Las técnicas se consideran ritos sagrados.

En las parejas modernas, aprender estas técnicas orales para rendir honor puede restaurar o reafirmar el aspecto sacramental, espiritual, de su relación sexual. Las técnicas también son instrumentos que pueden ayudar a sanar antiguas heridas del segundo chakra y eliminar los bloqueos e influencias negativas.

Desafortunadamente los prejuicios contra el sexo oral, basados casi exclusivamente en las percepciones negativas aprendidas o en asociaciones relacionadas con nuestros órganos sexuales, son comunes en nuestra sociedad. Te pedimos que dejes conscientemente a un lado cualquier prejuicio que tengas al respecto y que consideres la tradición sexual oral en su capacidad sanadora. Pedimos esto porque creemos que tales prejuicios no son más que heridas personales disfrazadas, es decir, antiguos condicionamientos e impresiones conscientes resultantes de experiencias negativas que han dejado cicatrices sobre el primer y segundo chakra. Cuando estas antiguas cicatrices negativas sanen, te sentirás capaz de expresar y de disfrutar de un nuevo nivel de amor con tu compañero.

Hay también otras razones por las que algunas personas tienen dificultades para incorporar las artes orales al hacer el amor. Hemos descrito cómo la naturaleza introvertida del yoni puede afectar la percepción del sexo por la mujer. Mientras que el sexo del hombre es externo, totalmente visible, lo cual va acorde con su carácter yang (exteriorizador y expansivo), el yoni es lo opuesto (introvertido, oculto). ¿Incluso cuando lo miran las mujeres? Normalmente ellas lo miran cuando sienten alguna molestia en él, rara vez cuando está en estado de excitación. Así que a la mujer le puede parecer extraño que alguien mire fijamente, bese y acaricie esta parte del cuerpo. Prueba a masturbarte en frente de un espejo para que puedas ver el yoni cuando está hinchado y lleno de energía sexual. Pide a tu médico que te enseñe a utilizar un espéculo, un instrumento de plástico claro que te permite ver las paredes rojizas de la vagina y la opalescencia perlada del cérvix.

Muchas mujeres se maravillan al ver lo hermoso que es este lugar oculto; es una poderosa experiencia que casi inmediatamente disipa buena parte de la información negativa almacenada en el segundo chakra. También animamos a los hombres a que ayuden a sus amadas a superar cualquier prejuicio que puedan tener al respecto, evitando un enfoque orientado hacia una meta al amor oral. En otras palabras, el hombre no debe anticipar la respuesta de su amada al acto, o hacer que su propósito sea llevarle a ella a su clímax. Ambos deben acercarse al amor oral como un ofrecimiento de una bendición al receptor, como un beso particularmente fortalecedor, como un bálsamo sanador para el segundo chakra.

Los amantes deberán mirarse frecuentemente durante el sexo oral. Deja que tu compañero vea el amor en tus ojos. Ésta es otra forma de sanar las impresiones negativas asociadas con el amor oral. Dile a tu pareja que toda parte de su cuerpo es para ti objeto de honra y de amor. Es también importante que los amantes se comuniquen con sonidos al honrarse el uno al otro. Los receptores deben utilizar la música de la voz, el quinto chakra, para expresar placer o indicar una preferencia. Por ejemplo, si prefieres que tu amante sea más yang o más yin, no debes dudar en comunicárselo. Como regla general, el yoni prefiere un toque más suave, más lento, más yin que yang, el lingam un tratamiento más firme, más rápido, más yang que yin. A menudo hacemos el amor de la forma en que nos gustaría que nos lo hicieran a nosotros, lo que a veces tiene como resultado que el hombre es un poco duro con el yoni, o la mujer demasiado suave con el lingam. Los receptores deben expresar su preferencia, y los dadores deben escuchar los sonidos de su pareja, y ver la respuesta del cuerpo a cada beso y caricia.

Comunica con todos los chakras al hacer el amor. Habla con ellos; haz afirmaciones verbales de tu amor y reverencia. Cántales; recuerda que cada chakra tiene una sílaba particular o mantra con que resuena, y un canturreo diafragmático de esa sílaba puede hablar directamente al chakra, especialmente si el yantra o imagen correspondiente se visualiza al mismo tiempo. Al honrar a cada chakra de esta forma, deja que el mantra que estás «cantando» vibre en la boca y en los labios contra el yoni o contra el lingam.

Las técnicas orales específicas que se utilizan para honrar el yoni y el lingam emplean los métodos para besar que ya hemos mencionado —chupar, soplar, morder ligeramente, y método lingual—, así como también las técnicas para tocar —las caricias estáticas y en movimiento, golpecitos, apretones, arañazos y manotazos—. Y se deben aplicar de la misma manera, es decir, utilizando la gama entera de expresión, de yin a yang, siempre consciente del nivel de tolerancia que tiene tu propia pareja.

Cuando hayas descubierto qué tipo o combinación de caricia o beso sobre un determinado lugar ofrece el mayor placer a tu amado, recuerda que prestar demasiada atención a una área especial de placer puede desensibilizar la zona, o causar un cortocircuito de energía en ella. Así que quédate en una zona, empleando una técnica unos siete segundos, y luego pasa a otra o emplea otra técnica. Alternar de esta forma hace que se concentre la energía; permanecer constante sobre una o dos áreas de extremado placer libera la energía en orgasmo.

Es fundamental la comodidad de ambos amantes, y los tántricos ponen un cuidado especial para asegurar la comodidad física cuando se hace el amor de forma oral, «honrando las cuatro direcciones». Esto requiere que los amantes cambien su posición siguiendo más o menos el norte, este, sur, oeste. Lo que es importante recordar es que cambiar la dirección como también la postura no sólo cuadruplica la cantidad de placer, sino que impide que acabes con el cuello rígido o la mandíbula dolorida y que tus músculos sufran calambres.

PARA EL HOMBRE: HONRAR EL YONI

1. Recuerda que el yoni normalmente requiere un tacto ligero o yin, y que para la mayoría de las mujeres los primeros dos centímetros y medio (los labios exteriores e interiores y especialmente el clítoris, cabeza y brazo) son la zona de mayor sensibilidad y con el mayor potencial de placer.
2. Besa el yoni de la misma forma en que besarías los labios de tu amada, utilizando las mismas técnicas.

3. Muévete a través de los labios del yoni, contactando ocasionalmente con el clítoris con un movimiento rápido de los dedos o con la lengua.
4. Combina un tacto estático o de caricias al ano con besos al yoni y el clítoris.
5. Después de dedicar cuatro o cinco minutos a hacer el amor con la boca, dedica una cantidad de tiempo similar a honrar el yoni con el lingam. Alterna de esta forma varias veces.
6. Durante su orgasmo clitoriano contacta con el dedo corazón el lugar sagrado de tu amada, utilizando un toque estático o de caricia.

PARA LA MUJER: HONRAR EL LINGAM

1. Recuerda que el lingam normalmente prefiere un toque firme, yang.
2. Al utilizar cualquiera de las técnicas para besar cualquier parte del lingam (teniendo cuidado, sin embargo, de no soplar sobre la apertura de la uretra), contacta con el lugar sagrado del hombre con el dedo índice y corazón, si el toque es externo, o el dedo corazón sólo para presionar sobre el lugar sagrado a través del ano.
3. Al aplicar las técnicas de besos a la cabeza del lingam, toca el brazo con los dedos como si fuera una flauta. A esto se llama «tocar la flauta».
4. Durante tu orgasmo, sujeta el lingam de tu amado en tu boca, presionando su cabeza contra el paladar. (Según los libros tántricos, el chakra de la coronilla de la mujer libera enormes cantidades de energía a través del paladar de su boca durante su orgasmo. El lingam de su amado actúa como receptor de esa esencia energética. De esta forma ofrece una gran cantidad de energía no diluida directamente a su segundo chakra.)
5. Con un toque muy suave, utilizando la punta de los dedos, tira y pincha o aprieta la piel del escroto; luego, con gran delicadeza, mete el escroto enteramente en la boca, cada testículo por separado o ambos a la vez. Esta técnica, que puede resultar un placer exquisito para el hombre, requiere que el dador mantenga un yin que sea máximo —el contacto más suave—. Llamamos a esta técnica «Acariciar y Chupar la Joya».

6. El lingam espera una caricia a lo largo de él que imite el movimiento de entrada y salida en la copulación tradicional. Por esta razón, una caricia que viaja alrededor del lingam en vez de hacerlo de arriba hacia abajo, similar a la presión de los anillos en varios puntos, puede resultar muy agradable para tu amado. Recibe el nombre de «anillar».

7. Las mismas técnicas de besar y tocar utilizadas para honrar un lingam duro son aplicables a uno blando. Dejar saber a tu amado que te deleita la manifestación yin de su pene le ayudará a relajarse y le permitirá disfrutar de nuevos tipos de placer. Muchos hombres piensan que un pene blando es inútil para el acto sexual. Esto no es verdad. Hemos preguntado a cientos de mujeres si el pene duro es de vital importancia para ellas al hacer el amor, y nunca hemos oído que una mujer responda afirmativamente. Esto a menudo es una revelación importante para el hombre. Muchos hombres que siguen nuestros seminarios dicen que si no se sienten conectados a su energía sexual (si el pene no está duro), intentarán evitar hacer el amor para no «fracasar» como amantes. Qué alivio y qué fuerza les da aprender la técnica yin para dar y recibir placer en un estado yin. Honrar el lingam blando de tu amado puede causarle una impresión psicológica enormemente positiva, ya que supone un tipo de aceptación tan especial y positiva que quizá nunca antes la habrá conocido.

CONTACTO VISUAL

Cerrar los ojos al hacer el amor es común entre los occidentales, pero los tántricos creen que elimina la posibilidad de una experiencia mucho más profunda, una unión más honda. Cerrar los ojos es cerrarte a tu amado, y crea oscuridad durante una experiencia que tiene la posibilidad de iluminar. Los amantes conscientes deberán intentar mantener contacto de todas las formas posibles al hacer el amor, y los ojos son quizá la forma más importante de hacerlo; en el amor tántrico, los ojos están considerados un órgano básico de intimidad. Son la puerta del alma, así como también la forma de expandir y recibir energía, especialmente del chakra corazón.

El Tantra enseña una técnica para espirar mientras se saca conscientemente la energía del corazón por el ojo derecho o el ojo dador hacia el ojo izquierdo o receptor del compañero, que acepta esa energía y la toma a través de la inspiración. Esto es una variación de la respiración recíproca fortalecedora que mencionábamos en el tercer capítulo, en la que uno inspira mientras que el otro espira. Los alumnos aventajados de esta técnica tántrica aprenden a proyectar energía de cualquiera de sus chakras de esta forma. Por ejemplo, sintiendo su chakra base, y proyectando esta energía para que salga de su ojo derecho, un hombre conecta a su amada con la tierra. Cuando una mujer se concentra en su segundo chakra, su mirada puede transmitir energía sexual. Una mirada con el tercer chakra puede fortalecer al compañero. Proyectar la energía del cuarto chakra de esta forma instaura la intimidad. Un ingrediente importante del amor consciente, como hemos dicho, es dejar que el amado vea el amor en tus ojos. Nútrete con la visión de tu amado.

EL SECRETO DEL MÚSCULO DEL AMOR: LAS BANDHAS

Las *bandhas*, palabra sánscrita que se traduce como «energía de unión», aíslan y controlan los músculos asociados con los primeros cinco chakras, e influyen también en el *prana* o energía de estos chakras. El Tantra enseña una serie de ejercicios bandha que pueden aumentar en gran medida el placer de ambos. Si se practica durante unos minutos todos los días, los ejercicios pueden tener unos efectos profundos sobre la relación sexual; al cabo de varios meses una mujer podrá hacer sonar su yoni como un instrumento de muchas cuerdas para el deleite del amado y para el suyo propio, y la resistencia del hombre mejorará. Las bandhas también están consideradas un arte sanador porque despiertan transmisores neuronales dormidos, que mandan mensajes de placer de la vagina al cerebro. Los alumnos avanzados aprenden a combinar los ejercicios bandha con técnicas de meditación, visualización y mudras (gestos con las manos) para obtener un placer incluso mayor; en este libro, que es para principiantes, hablaremos de los ejercicios bandha más sencillos para controlar y fortalecer el músculo PC.

En el séptimo capítulo hablábamos de la importancia del músculo pubococcígeo o PC para el control de la eyaculación. Aprendiste cómo localizarlo (apretando al orinar), y cómo ejercitarlo cada vez que orinas. Hay varias razones por las que se debe fortalecer este músculo, además del aumento del placer sexual. Un músculo PC débil podría influir en la tensión crónica, que puede causar dolor en la parte inferior de la espalda. También existen pruebas de que un músculo PC sin ejercitar disminuye la resistencia del cuerpo a ciertas enfermedades que afectan al área genital, como la vaginitis, hongos, problemas hormonales, e incluso algunas formas de cáncer. La teoría es que un músculo PC con el tono adecuado mejora la circulación, lo que podría ayudar a evitar la enfermedad aumentando el fluir de los glóbulos blancos de la sangre, que defienden al cuerpo contra los agentes extraños.

Y algo que nos concierne más, un músculo PC (que por algo es conocido como el músculo del amor) fuerte permite que ambos disfruten de una variedad de actos eróticos que no serían posibles si estuviera debilitado. Las mujeres con un músculo PC débil, por ejemplo, podrían tener lo que se llama un útero «colapsado» —aunque realmente no está colapsado, simplemente no está bien sujeto por los músculos que lo rodean—. En esta posición «colapsada» puede que sea difícil, si no imposible, lograr contactar con el punto sagrado de la mujer. Poner a tono el músculo a menudo cambia la forma del yoni, tirando del útero hacia una posición superior y posibilitando el acceso al lugar sagrado con el lingam. Una mujer puede probar la fuerza de su músculo del amor insertando dos dedos en su yoni y abriéndolos a modo de tijeras. Un músculo con el tono adecuado, al ejercerá al apretarse la suficiente fuerza sobre los dedos como para hacer que se cierren. Como hemos visto, el músculo PC permite al hombre controlar la eyaculación y mejorar su resistencia sexual. Te ofrecemos dos ejercicios bandha. Practica cada uno de ellos durante tres minutos, dos veces al día, y con toda probabilidad notarás una diferencia significativa al cabo de un mes. Los hombres pueden realizar estos ejercicios con o sin el pene erecto.

❀

La Sujeción de Amor: Contrae el músculo PC de igual forma en que lo has hecho para controlar la salida de la orina. Aprieta el músculo y manténlo así durante tres segundos. Justo al final de la contracción dale un apretón rápido, y luego suelta. Relájate durante tres segundos y repite el ejercicio. Aumenta gradualmente el período de sujeción hasta llegar a los diez segundos antes del apretón final y de soltar. Asegúrate de relajar el músculo completamente entre las contracciones, durante el mismo período de tiempo de la sujeción.

El Pulso: Aprieta y suelta el músculo PC en una serie de contracciones. Diferencia bien entre la contracción y la relajación. A medida que adquieras habilidad podrás hacer que el período entre apretar y soltar sea más corto, y por tanto el pulso será más rápido. Cuenta el número de palpitaciones entre las contracciones e intenta disminuirlas con cada sesión de práctica. Los hombres que practican este ejercicio con el pene erecto descubrirán que las contracciones rápidas hacen que su lingam se mueva hacia arriba y hacia abajo; este ejercicio en particular es especialmente bueno para mejorar la resistencia.

Para la mujer, estos ejercicios internos son simplemente «trucos» para entretener y dar placer a su amado, a menos que se concentre en combinar las contracciones musculares con una mente enfocada que dirija la energía emocional de su amor a través de su segundo chakra. Por supuesto no hay nada malo en usar unos cuantos trucos, pero estas técnicas se convierten en potentes instrumentos para transmitir el tipo más alto de energía cuando se combinan adecuadamente con el amor consciente.

AUTOAMOR AL HACER EL AMOR

Normalmente se considera la masturbación como una actividad individual, pero los tántricos encuentran mucho placer al unir ese deleite singular al placer que disfrutan juntos. Una mujer puede acariciarse de una forma que le sea agradable, al tiempo que el hombre le está haciendo el amor con su lingam. Ésta es una técnica práctica y a la vez erótica; la mayoría de las mujeres saben cómo ofrecerse un gran disfrute, y puesto que al tocarse también contactarán con el lingam de su amado, le estarán estimulando igualmente a él. Además, a la mayoría de los hombres les excita mucho que una mujer se acaricie a sí misma.

BESOS

Recuerda que los besos, no importa dónde se apliquen, deberán darse de la misma forma que se dan a la boca. Los besos son especialmente excitantes cuando se aplican a las diversas regiones chakra, por delante y por detrás. La mayoría de nosotros sabemos que la garganta y la nuca (región del quinto chakra) son zonas erógenas, pero también lo son las otras áreas alimentadas por los centros de energía sutil.

UN ORGASMO MÁS LARGO, MÁS PROFUNDO Y «SUPERIOR»

Esta técnica para obtener un orgasmo sentido poderosa y profundamente está basada en una forma especializada de control de la respiración. Como comentábamos al hablar del control de la respiración, los yoguis de todas las disciplinas, no sólo los tántricos, piensan que éste es de vital importancia. Se considera como un tipo de control de la vida, porque conseguir el control de la respiración permite que controles tu vida. La respiración yóguica relaja el cuerpo físico, el cuerpo sutil y la mente, proporcionando energía a los tres.

Para aumentar la duración y poder de tus orgasmos, empieza a inhalar (lo más lentamente posible) más o menos a mitad de camino hacia el pico del orgasmo. La sensación creciente de clímax continuará durante todo el tiempo que puedas mantener la inhalación. Cuando hayas llegado al límite de la inhalación, empieza a soltar el aire con tanta «sonoridad» como puedas. No tengas miedo de que te oigan tus vecinos, quizá les inspires. Y lo que es más importante: el volumen de tu sonido influye en el volumen —profundidad— de tu orgasmo. Pero mantén el control del sonido y no lo gastes demasiado rápido; el orgasmo durará todo el tiempo que continúes vocalizándolo en tu espiración. Con la práctica, tanto los hombres como las mujeres pueden aprender a prolongar el orgasmo durante más de una respiración completa, hasta cuatro o seis, posiblemente más. La moraleja de esta historia es: si prácticas ejercicios respiratorios para fortalecer los pulmones y mejorar la capacidad pulmonar tendrás orgasmos mucho más largos porque podrás realizar inhalaciones y espiraciones más largas.

Y puedes añadir incluso algo más que una duración extraordinaria a estos orgasmos: al abrir el centro de la garganta con el sonido, el quinto chakra, puedes cambiar la dirección de la energía orgásmica, que en su mayoría fluía hacia el sur, hacia el segundo chakra. Abrir el quinto chakra es como desvelar un imán, y en algunos casos, la fuerza del imán del quinto chakra es lo suficientemente potente como para llevar la energía orgásmica hasta el sexto chakra, el área del «tercer ojo», e incluso más arriba, y entrar y salir del séptimo chakra o de la coronilla. Estos hechos explosivos son profundamente conmovedores, tanto física como espiritualmente; se consideran experiencias de iluminación y pueden llevar hacia la última meta tántrica de la Unidad.

Lograr un orgasmo tan explosivo que despierte y expanda la consciencia entra dentro de la capacidad de todos nosotros. La visualización durante el orgasmo a menudo ayuda en esta cuestión, y una visualización compartida por ambos es doblemente beneficiosa: imagínate el sistema sutil de tu cuerpo; imagínate el color dorado de la energía sexual; imagina una corriente de esa energía atravesándote en forma de espiral, como una corriente eléctrica, hacia el segundo chakra. Cuando comienza tu orgasmo y empiezas a inspirar, visualiza cómo tu inspiración tira de esa energía en espiral hacia arriba. Ve como se mueve como platino líquido a través del plexo solar, el área del tercer chakra, arriba, a través del centro del corazón, siguiendo hacia arriba, a través del centro de la garganta e incluso más arriba, hacia los chakras sexto y séptimo. Siente cómo la luz líquida baña el sexto chakra entre los ojos, siente cómo entra al cerebro, y, finalmente, experimenta su explosión a la salida del chakra de la coronilla. Pausa. Mantén la visión. Ahora eres un ser radiante, con un halo de energía a tu alrededor.

Ahora invierte la dirección de tu respiración, espirando sonoramente para desatar el chakra de la garganta. Al fluir el sonido de la liberación de tu garganta, la energía también te inunda, empapando cada chakra al bajar en espiral por el eje de la columna. Visualízate como un pararrayos para esa energía espiritual/sexual. Por la extensión del orgasmo estás, en cierto sentido, unido al cosmos.

DIEZ
LAS TÉCNICAS EXÓTICAS

❀

Ella utiliza sus músculos interiores,
agarrando tu lingam con la sujeción de su yoni,
apretándolo y acariciándolo,
sujetándolo dentro de ella durante cien palpitaciones,
y esto es conocido como «samdamsaja» (las tenazas).

Kama Sutra

L as técnicas exóticas presentadas aquí pueden tomarse como una deliciosa entrada al menú del amor; cada una de ellas es capaz de ofrecer un alto nivel de deleite físico para los amantes, y cada una es también capaz de realizar una transformación. Prueba aquéllas que te parezcan interesantes. Y recuerda que igual que las grandes recetas clásicas se modifican para adecuarse a las preferencias de los cocineros, así también estas delicias pueden adaptarse para proporcionaros un mayor placer a ti y a tu pareja. Sé creativo; recuerda las caricias, besos, movimientos y posiciones que has aprendido, y aplícalos con tus propias variaciones. Recuerda también alternar el yin y el yang en todos tus actos amorosos. No tengas miedo de actuar torpemente; la gracia se consigue con la práctica. Centra tu mente, y considera el hacer el amor como un sacramento en el que tú y tu amado os honráis y enriquecéis. Y ahora, disfrutad el uno del otro.

TRES BESOS EXÓTICOS
La libación o el néctar de los tres picos

El Tantra reconoce tres partes (o picos) del cuerpo que liberan un tipo de jugo energético, un néctar extremadamente nutritivo para el receptor y revitalizante para el dador. El primer pico está centrado en

127

el paladar y va a lo largo del frenillo hasta el labio superior. Su estimulación inspira y activa la liberación de una especie de rocío sexual, el cual se derrama por todo el cuerpo desde el chakra superior. Este líquido es de una naturaleza muy distinta que la saliva; es una humedad más cálida que «hace la boca agua», es la secreción más «sutil» del cuerpo tántrico sutil.

Los pezones y pechos con su línea directa al chakra corazón son el segundo pico y fuente de un néctar especial. Ambos amantes dan y reciben conscientemente las delicadas secreciones del pecho, que podría ser una sustancia lechosa y ligera, o ligeramente dulce y salada. Deben alternarse las funciones de dar y recibir, utilizando todas las formas de besar que se han aprendido, desde la más suave a la más firme, besando los pechos como si fueran los labios del amado.

El tercer pico está en los órganos del segundo chakra, el yoni y el lingam. Cuando hablamos de esta libación en particular no hablamos de la eyaculación del hombre ni de la amrita de la mujer, que son formas de un tipo de energía distinta. El néctar del tercer pico, como el de los otros dos, es un jugo del cuerpo sutil; es menos sustancioso que el del cuerpo físico, pero su influencia para estimular la pasión es igualmente poderosa en todos los sentidos. En una mujer estos jugos ricos y claros empiezan a fluir con el despertar de su shakti; el hombre también liberará este rocío esencial cuando esté excitado (yang). No tengas miedo de tragarte los néctares energéticos de cualquiera de los tres picos; desde siempre han sido utilizados como un tipo de tónico o poción sanadora.

El éxito de estas técnicas de libación, no importa qué pico utilices, reside en la concurrencia de la acción yin y yang. Cuando tu compañero beba el néctar de tu boca y te ofrezca sus besos, tú debes estar en la posición yin o de aceptación. Pero al mismo tiempo, al dar tu néctar a tu amado, eres también yang. Intenta pensar y sentir conscientemente el yin y yang de la libación. Di a tu amado al liberar el néctar de tu primer pico: «Te doy estos labios a ti, te doy el néctar de mi boca». Y cuando recibas el néctar de tu amado, saboréalo, siente cómo llena tu boca, aspira su esencia, sé consciente de que lo estás aceptando de aquella persona a quien amas. Piensa y siente: «Acepto esta dulzura de ti».

El beso del labio superior

Este poderoso beso es una técnica tántrica que utiliza un conducto energético entre el valle del labio superior de la mujer y su clítoris. El amante lame suavemente el labio superior de su amada, utilizando su lengua y labios para llegar al frenillo. Mientras él lame su labio superior, ella lame su labio inferior y visualiza el canal sutil que va de su frenillo a su clítoris. Una vez que se abra ese canal como conducto de energía sexual, una mujer podrá experimentar en su clítoris una estimulación profunda —incluso hasta llegar al orgasmo— sólo mediante el beso.

De la lengua al paladar

Ésta es una técnica extremadamente erótica para la transferencia de energía sexual. Mientras la mujer siente su orgasmo pega su lengua al paladar y la mantiene ahí el tiempo que dure su orgasmo. El hecho simultáneo del orgasmo y el contacto con el paladar sensible libera una energía profundamente almacenada en su chakra, de la coronilla hacia su lengua. Si luego ofrece su lengua a su amante, él absorberá esta poderosa energía, y su carga eléctrica pasará a través de él en línea directa hacia su lingam, o segundo chakra. Puesto que los amantes están unidos, la energía de esta poderosa carga se transfiere de su segundo chakra al de ella, y ella ahora podrá inspirarla conscientemente, tirando de dicha energía hacia arriba, a través de sí misma, para que se reabsorba.

LA JOYA EN LA CORONA

En cualquier postura y durante la copulación, el hombre puede aplicar una ligera presión al clítoris de su amada con uno o dos dedos, o con cualquier otra parte de su mano, o la mujer puede utilizar su propia mano para hacerlo. No es necesario que la presión implique movimiento; los movimientos pélvicos u otros que se realizan al hacer el amor influirán en la presión estática contra el clítoris, o «joya». Recuerda no sobreestimularlo.

DELEITAR AL QUE
SE ARRODILLA POR ENCIMA

Para realizar esta técnica de sexo oral, la mujer se arrodilla por encima de los labios de su amante y desciende hacia su boca ofreciendo su yoni a los labios y lengua de él, que tendrá un papel pasivo; ella utiliza los 1001 movimientos pélvicos suaves o sutiles para encontrar su propio placer. Como en todas las técnicas tántricas, ambas parejas deben ser conscientes del yin y yang de los aspectos receptivos y dadores de su amor.

TÉCNICAS EXÓTICAS
ASISTIDAS POR LA MANO

Sujetar la vara

En esta técnica, cualquiera de los dos agarra el lingam con los dedos o la mano y lo manipula, como si fuera una vara, frotando su cabeza por el exterior del yoni, a lo largo del perineo hasta el ano, y especialmente por encima y alrededor del clítoris. Este es un método particularmente bueno cuando el lingam no está erecto por completo; la estimulación y contacto con el yoni de su amada normalmente inspirará rápidamente una erección, pero un lingam blando o semiblando también puede ofrecer a la mujer un placer orgásmico. Puede que sea necesaria una lubricación adicional en esta técnica, para eliminar fricción y ensalzar el disfrute. Muchas mujeres sienten gran placer tomando el papel activo en esta técnica, dirigiendo el baile, en cierto sentido, sujetando el lingam y moviéndolo para estimular el yoni.

Golpecitos

Golpear el lingam contra los labios del yoni, el clítoris, el perineo y el ano es otra técnica manual que señala el Tantra. De nuevo es indistinto quien sea, la mujer o el hombre pueden realizar los movimientos, sujetando el lingam como si fuera la batuta del director, golpeándolo a un ritmo lento primero, pero que va creciendo, y utilizándolo para contactar con el yoni con un toque que varía de suave a firme y luego vuelve a ser suave. Se trata de una técnica que produce satisfacción al margen de que el lingam esté duro o blando.

Batir mantequilla

Esta técnica es similar a la de sujetar la vara, excepto que aquí la «vara» se sujeta dentro del yoni y cualquiera puede dirigir su movimiento, que será de tipo circular, variando de poco profundo a muy profundo, como si se estuviera haciendo mantequilla. La mano permite un movimiento al lingam que no puede conseguirse simplemente con los movimientos pélvicos. Este estilo original de movimiento puede causar gran placer a ambos, y es una buena técnica para utilizar cuando se practica el control de la eyaculación.

MUDRAS EXÓTICOS

Los mudras son poderosas posiciones de la mano o posturas corporales que influyen profundamente en la energía del cuerpo. Las dos técnicas mudra que describimos aquí forman parte de un ritual llamado *Nyasa*, una forma avanzada de toque tántrico que carga y despierta los chakras. Nyasa combina el toque consciente de mudra, la visualización yantra, el mantra, y la emoción para purificar, equilibrar, y elevar el nivel de vibración de los centros de energía. En occidente a veces se popularizan formas de Nyasa, como *Shaktipat*, según la cual un guía espiritual realiza Nyasa sobre el chakra ceja del iniciado.

Contactar con tres puntos de placer

En esta combinación, la mujer toma la posición superior, arrodillándose encima de su amado, con el pecho cerca del suyo. El lingam del amante penetra muy profundamente y entra en contacto con el punto sagrado de la mujer por su presión sobre la pared superior frontal de la vagina. Ahora con su dedo índice contacta con su ano. Presionar contra o hacia el interior del ano puede ofrecer un contacto agradable con el punto sagrado desde un ángulo distinto que el del lingam. La punta de su dedo corazón, mientras tanto, presiona ligeramente hacia arriba contra el clítoris. El movimiento debe ser mínimo, puesto que la mujer recibe simultáneamente carga energética a tres zonas erógenas; el hombre debe cuidar de no sobreestimularla causando así un cortocircuito en la concentración de su energía sexual. Debe alternar el movimiento ligero con la quietud en cada uno de los puntos de placer (contactando con el ano y el clítoris con un toque ligero pero ningún movimiento, al tiempo que mueve la pelvis, por ejemplo).

Esta técnica ritual está basada en el sistema tántrico que reconoce energías cargadas positiva y negativamente (energías yin y yang) en varios puntos de acceso corporales, y busca combinarlas de forma particular. En este caso, el placer deriva del dedo índice, que se considera que lleva una carga negativa, presionando contra o entrando al chakra base cargado positivamente, combinado con la carga positiva del dedo corazón que entra en el yin del yoni, o campo energético con carga negativa.

Unir los polos energéticos

Cuando los dedos índice y corazón contactan con el punto sagrado de la amada, el pulgar tiene acceso a su clítoris, así que puede dar placer a ambos polos sensibles. Al mismo tiempo puede apoyar su mano sobre el hueso púbico, aplicando presión contra el punto sagrado desde el exterior, para que así se mueva y esté incluso más cerca de los dedos en el interior. El movimiento debe ser mínimo o estático. En una variación de esta técnica, cuando el hombre honra el yoni a través del contacto oral, puede también aplicar presión externa por encima del hueso púbico.

ARRODILLARSE
A LA PUERTA DEL PLACER

Esta técnica puede utilizarse al hacer el amor siempre que el hombre esté encima de la mujer con su lingam semierecto o blando dentro de ella. Sin sacarlo, el hombre levanta las piernas de su amada sobre sus hombros y se pone de rodillas. Dependiendo de lo grande que sea y de lo blando que esté, introduce uno o dos dedos en su yoni y contacta con su punto sagrado, que él estimula con un masaje suave o un movimiento pulsador. El lingam permanece dentro, recibiendo también el toque estimulante de sus propios dedos. En este estado yin de carga negativa, el hombre también es capaz de absorber un cantidad de la potente energía de su amada.

PRESIONAR

Éste es un movimiento dirigido por la pelvis que se puede utilizar cuando el lingam está erecto y profundamente introducido en el yoni y la pareja ha adoptado una postura frente a frente, o corazón a corazón. En esta posición el lingam se queda quieto dentro del yoni y los amantes presionan sus pelvis el uno hacia el otro para que el hueso púbico y el vello del hombre ofrezcan una presion y textura estimulante contra el clítoris de la mujer. En vez de que el lingam entre y salga, la dirección es de lado a lado. Por supuesto, cualquiera de los dos puede asumir el papel activo, pero esta técnica es particularmente eficaz con la mujer como «líder». Puesto que el lingam está en una posición yang profunda, se recomienda un movimiento más lento de juego (más yin).

ESTIMULACIÓN DEL CHAKRA BASE

Existe una gran cantidad de prejuicios respecto del chakra base, es decir, respecto al sexo anal. Los bloqueos del chakra base a menudo están tan arraigados como los asociados al segundo chakra. Pero para algunas parejas el sexo anal puede ser una fuente de intenso placer, y muchas mujeres encuentran que es mucho más fácil acceder a su punto sagrado a través de este tipo de contacto sexual. Además, un masaje lento y rítmico a este centro chakra, combinado con respiración profunda y visualización, puede tener un efecto liberador potente, beneficioso a la hora de despertar la energía kundalini vital y para aliviar la tensión y el estrés.

Lo que el sexo anal sí requiere es que los amantes observen unos cuantos ritos más de los que harían de otra manera; además del baño ritual, y el uso de toallas, almohadas y otros artículos para dar comodidad, las uñas debarán estar bien cortadas, y se sugiere el uso de un lubricante hidrosoluble. También, para evitar infecciones, hay que lavar el lingam o el dedo que ha entrado en el ano antes de usarlo para tocar el yoni. Tanto los hombres como las mujeres disfrutan de esta manera de hacer el amor. Muchas parejas nos han informado de que el masaje suave de la próstata y del área que se halla aproximadamente un centímetro debajo de ella puede estimular unos orgasmos extraordinariamente potentes en el hombre. Pero si eres novato en esto, empieza la estimulación del chakra base de manera lenta. Comienza con un masaje digital de poca profundidad y ve entrando más profundamente sólo si así te lo pide tu compañero. La comunicación es importante, especialmente con el contacto visual. Después de introducir el dedo, haced una pausa durante unos quince segundos antes de empezar cualquier tipo de movimiento estimulante.

Antes de intentar una conexión del lingam con el chakra base por primera vez, la pareja debe hablar de ello. Parte del preludio debe ser una estimulación digital con bastante lubricación. El Tantra no recomienda que el hombre aborde a la mujer por detrás al hacer el amor de esta forma. En vez de eso, los amantes están uno frente al otro, con el hombre arrodillado en frente de su amada, que tendrá las piernas sobre los hombros de él, que debe penetrar lentamente en el ano. Hasta que la mujer esté completamente cómoda el hombre debe estar casi sin moverse en esta postura, permitiendo que la mujer realice cualquiera de los 1001 movimientos pélvicos que le aporten placer, junto con, o además de, la estimulación clitoriana.

TÉCNICAS EXÓTICAS DE VISUALIZACIÓN

La torre de anillos de luz

Este tipo de amor, que utiliza la visualización junto con una forma especializada de masaje tántrico, requiere que la mujer controle su músculo PC. Se puede utilizar cualquier postura con el lingam dentro de la vagina. La mujer visualiza su yoni como un cilindro compuesto de anillos de luz amarillenta, al tiempo que realiza un masaje íntimo sobre el lingam de su amado contrayendo su músculo PC a su alrededor.

La doctrina tántrica concibe al lingam como un microcosmos del cuerpo entero, de igual forma que la reflejoterapia concibe al pie. Por tanto, presionar a lo largo de los distintos meridianos del lingam afecta a todas las partes del cuerpo del hombre. Cuando el músculo PC de la mujer tiene buen tono puede aprender a manipularlo de delante a atrás, para que el anillo dorado del yoni proporcione un masaje aún más agradable para el hombre. Cuando una mujer adquiere habilidad en este arte puede tocar esos anillos como si fueran partituras de una composición musical. Puede crear acordes, cambiar de tono, componer estribillos; y al hacerlo puede transmitir una sinfonía íntima y poderosa a su amado.

Durante su contracción ambos deben visualizar cómo los anillos amarillos de su yoni se agarran a su lingam, transfiriendo su campo energético directamente hacia la «torre» de su segundo chakra. De esta forma la potente energía sexual de la mujer, o shakti, se reparte, tanto energética como muscularmente, a todas las partes correspondientes del cuerpo de su amado. Las tenazas, que en el *Kama Sutra* se llaman *Samdamsaja*, son una variación sobre la *Torre en Anillos de Luz*. La mujer utiliza las contracciones del músculo PC durante la copulación, como para tirar de su amante más profundamente hacia su interior. Las contracciones se realizan al tiempo que ella inspira. En el punto superior de su inspiración ella mantiene el lingam todo el tiempo que pueda, apretándolo y bañándolo en la energía shakti. Luego suelta su contracción muscular con su espiración. El hombre inspira al tiempo que la mujer espira, visualizando su energía al dirigirla por el camino de su columna hacia los chakras superiores.

Amar de corazón a corazón

En esta forma de hacer el amor la pareja adopta la postura Yab Yum, sentados a horcajadas, que incorpora la técnica de respiración de carga recíproca, explicada en el tercer capítulo, con visualización. (Véase el capítulo octavo para la descripción de la posición Yab Yum.) El lingam penetra profundamente en el yoni, y los pezones de ambos se presionan firme y mutuamente. Ahora el hombre espira, consciente de la energía que emana de su segundo chakra, mientras que al mismo tiempo visualiza su lingam creciendo energéticamente, iluminado, haciéndose más largo y más grueso. La mujer inspira cuando él espira, consciente de recibir la energía de él y visualizando el gran imán de su chakra corazón tirando de su lingam hacia su corazón. Ella siente cómo su cuarto chakra se llena con su lingam energético e iluminado, su poderosa energía yang, y puesto que están conectados corazón a corazón, ella puede, al espirar al tiempo que él inspira, mover ese poder yang directamente hacia el cuarto chakra de él, visualizando ella cómo su propia energía del cuarto chakra penetra en él.

Puesto que los hombres son notoriamente yin de corazón, este regalo de la naturaleza luminosa y expansiva de yang al chakra cuarto del hombre (negativo) es un gran bálsamo sanador, especialmente poderoso porque se autogenera, viniendo de su propio segundo chakra pero cobrando más intensidad en su viaje por el cuerpo de su amada. Lo interesante es que las mujeres pueden realizar en gran medida esta técnica a solas. En otras palabras, pueden hacer todas las visualizaciones y respiraciones ellas mismas, y de esta forma pueden sanar y abrir el corazón del hombre sin que él lo sepa. Las mujeres que se lamentan de que haya tan pocos hombres con un corazón abierto pueden hacer algo para remediarlo de esta forma tan discreta.

BAILE CIRCULAR DESDE LAS CADERAS

Para realizar el baile circular, el hombre se tumba de espaldas mientras que su amada se sienta a horcajadas sobre él, con su lingam dentro de ella, y moviendo la pelvis en un movimiento circular completo. En ocasiones una almohada colocada debajo de las nalgas del hombre ayuda a mantener la posición. La mujer mueve su pelvis a distintas velocidades y logra una variedad de profundidades levantándose ligeramente o bajándose hacia su amado. Puede también alterar el ángulo de su baile inclinándose hacia él o hacia el otro lado. Pese a que esta técnica aporta una sensación física maravillosa para el hombre, lo que realmente se busca es el placer de la mujer; es la liberación de su shakti, que es el último premio para ambos. Así que, al realizar este baile circular sobre su amado, la mujer debe ser especialmente consciente de lo que le agrada a ella.

El hombre es receptivo en esta postura, pero ofrece activamente su lingam a su amada. Podría juntar sus manos como en oración encima del corazón o colocar su mano derecha sobre el corazón de su amada, y su izquierda sobre su frente para facilitar el fluir de energía y placer a sus chakras superiores. En el transcurso de este baile, ambos deben mantener un contacto visual, y el hombre debe fortalecer a su amada con palabras de amor.

❀

Recuerda que estas técnicas exóticas no son un fin en sí mismas; son simplemente medios para viajar por el sendero tántrico, un camino hacia la Unidad. Es un viaje del espíritu que ofrece el Tantra; y el amor íntimo, apasionado y espiritual es su combustible, su energía. El Tantra utiliza la energía del amor para iluminar nuestro interior, de modo que podamos llegar a conocernos, tanto a nosotros mismos como el uno al otro, mejor. Esta luz de amor es un instrumento sanador para los amantes; aquéllos que habitan en su reflejo pueden lograr un compañerismo radiante, original y duradero. Esperamos que los instrumentos que os hemos ofrecido iluminen vuestro camino.

❀

PONEDLO EN PRÁCTICA

❀

1. En el amor sexual es necesario orientarse hacia el intercambio de energía en vez de hacia el orgasmo o hacia objetivos de realización. Sé vulnerable en el amor, sé abierto; no intentes poseer al que amas.

2. Practica una sesión de amor de «conexión», fortalecedora, por lo menos dos veces al día, en la cual la meta no es llegar al orgasmo, sino el intercambio de amor y energía.

3. Si tú y tu pareja estáis demasiado cansados para el intercambio de energía, intentadlo de todas formas, porque es justo entonces cuando más lo necesitáis.

4. Aprended a hablaros conscientemente el uno al otro, sin que exista un sentimiento de culpabilidad.

5. Recordad siempre que no hay nada que sea tan importante como vuestro amor, armonía y conexión como pareja.

6. Practicad los ejercicios del músculo PC diariamente, tanto las prácticas individuales como las técnicas en pareja.

7. Hombres, elegid no eyacular por lo menos una de cada cuatro veces que hagáis el amor, y permaneced en contacto con vuestra amada después del orgasmo.

8. El Tantra es un arte; mejoraréis con el tiempo y la práctica.

9. Id más lentamente, disfrutad del baile del amor. Haced del amor sexual una meditación, y utilizad el momento del orgasmo para tranquilizaros y fortaleceros el uno al otro.

10. En el amor, sed conscientes de vuestras manos. Haced que toda caricia sea una caricia consciente.

11. Intentad mantener los ojos abiertos para permanecer en contacto con vuestro compañero de esta forma íntima al hacer el amor.

12. Recordad que uno es bendecido tanto al recibir como al dar. Aseguraos de que ambos lo estáis haciendo; intercambiad los papeles yin y yang varias veces en cada sesión amorosa.

13. El Tantra considera que el cuerpo es el templo del espíritu; es nuestra responsabilidad sagrada tratarlo bien. Puesto que el compañerismo tántrico es una aventura común, podríamos considerar el templo del espíritu de la pareja como un tipo de casa común. Se nos exhorta a cuidar tanto el cuerpo de nuestro amado como el nuestro.

14. Recordad que las técnicas amorosas usadas en el ritual tántrico son medios para llevarnos por un camino espiritual a nuestro cielo particular.

BIBLIOGRAFÍA

❀

Los afrodisíacos naturales, de Richar Alderman, Ed. Obelisco, Barcelona, 1990

Kama Sutra, anónimo

El placer de amar, de Alex Comfort, Ed. Blume, Barcelona, 1981

The Joy of Sex, de Alex Comfort, Ed. Grijalbo, Barcelona, 1989

El Tao del amor y del sexo, de Jolan Chang, Ed. Plaza y Janés, Barcelona

Secretos sexuales, de Nick Douglas y Penny Slinger, Ed. Martínez Roca, Barcelona, 1987

El arte del éxtasis, de Jean Paul Guyonnaud, Ed. Martínez Roca, Barcelona, 1987

La luz clara del gozo, de Geshe Kelsang Gyatso, Ed. Amara, Ciutadella (Menorca), 1989

El punto G, de Alice K. Ladas, Ed. Grijalbo, Barcelona, 1984

Taoist secrets of love, de Mantak Chia (próxima edición en español)

Kularnava Tantra, el rito de las cinco cosas prohibidas, M. P. Pandit, Ed. Eyrás, Madrid, 1980

Magia sexual, de P. B. Randolph, Ed. Edaf, Madrid, 1988

Recetas para enamorarde Rita Schnitzer, Ed. Elfos, Barcelona, 1990

Energías del amor, de June Singer, Ed. Kairós, Barcelona, 1987

El amanecer del Tantra, de Chögyam Trungpa, Ed. Kairós, Barcelona, 1976

Tantra, el culto de lo Femenino, de André Van Lysebeth, Ed. Urano, Barcelona, 1990

El tantrismo, de Jean Varenne, Ed. Kairós, Barcelona, 1985

Introducción al Tantra, del Lama Yeshe, Ed. Dharma, Alicante, 1988

❁

Si este libro le ha interesado y desea que le mantengamos
informados de nuestras publicaciones, ofrecemos periódicamente
un boletín informativo con una amplia gama de libros y productos
ecológicos seleccionados por el equipo de la revista «Integral»:
Conocer la Naturaleza, Medicina Naturista, Hombre y Cosmos,
Alimentación Natural, Plantas Medicinales, Estética Natural, Masaje,
Sexualidad, Ejercicio Físico, Niños, Yoga, Crecimiento Personal,
Literatura, Pacifismo/Noviolencia, Ecología, Artesanía y Tecnología,
Agricultura Ecológica, Antroposofía, Feminismo, Vida Interior.
Para recibirlo sin compromiso basta con escribir al apartado de
correos 804 F. D. — 08080 Barcelona, adjuntando sus señas.
Lo recibirá gratis en su domicilio.

❁

.